これなら書ける！
説得力のある小論文

山本裕子・本間妙・中林律子 著

ココ出版

JN244541

はじめに

この教科書は私たちの2冊目の教科書です。
2013年にこの教科書の"もと"になる作業をはじめ、
"**ステキ**な**ライティング**教材"を作ろうと決めました。
その後、多くの学生さんとの授業実践を経て、ようやく教科書の形になりました。

1冊目の教科書（『これなら書ける！文章表現の基礎の基礎』）は、
書くためにどのように考えたらよいかという文章作成につながる考え方の基本と、
その考えを表現する基本を身につけるためのものでした。
2冊目の、この教科書では、自分の主張、考えを「論じる」文章を書く力をつけることを
目標としています。
自分の考えをどのように伝えたらいいか、これには戦略が必要です。
説得力のある文章を書くには、しっかり考えなければなりません。
『基礎の基礎』と同様、説得力のある文章を書くためには何が必要か、
どこから考えればいいかを段階的に練習して、文章の書き方だけでなく、
考え方も学べる教科書を目指しました。

受験が終わると／大学生になると、レポートならともかく「小論文」はもう書かない、
必要ないと思うかもしれません。しかし、自分の考えを短い文章にまとめて伝える機会は、
意外にあるものです。何か（留学、奨学金など）に申し込む際や、プレゼンテーション、
就職活動等の際にも理由や動機を説明する必要があります。
その時に、「そうだね！」「なるほど！」と思ってもらえなければ、先に進むことはできません。
この教科書での練習を通して、みなさんが自分の未来を支える「書く力」をつけられるよう、
著者一同願っています。

この本を使って学ぶ学生のみなさんへ

この本では、自分の意見を「説得力」のあるように、「論理的」に伝える文章を書くことを学びます。
「説得力」「論理的」というと、難しそうに感じるかもしれませんが、「説得力のある論理的」な文章は、
「話があちこちに行って、何が言いたいのかわからない」文章よりもずっと読みやすい
「やさしい（易しい）」文章です。

多くの人はこれまでに、意見を述べる文は「主張―理由―結論」の三部構成で書くと
学んだのではないでしょうか。しかし、三部構成で書くことは知っていても、そのように書けるかどうかは
別問題です。主張と理由そして結論が、内容的につながっていないとうまくいきません。
そして、使う言葉も重要です。難解な熟語を駆使する必要はありませんが、
日頃使っている言葉そのままでは、「説得力のある論理的」な文章にふさわしくありません。
つまり、「中身」と「外見」の両方をそろえる必要があります。

この本では、主張と理由がかみ合っているか、理由はこれだけで十分か、など「説得力」の観点から、
一つ一つを段階的に練習します。同時に、説得力のある文章を、きちんとした表現で書けるようになる
練習もします。「中身」と「外見」のそろった文章を書くための方法がわかるようになることが目標です。
一緒に頑張りましょう。

この本を使って授業をする先生へ

本書は、大学・専門学校等の次のようなクラスで使用することを想定しています。
- 学部生の初年次教育
- 文章表現等の授業
- 留学生の日本語授業

また、自習ではなく授業で使用することを前提にしています。教師の手助けのもと、
例を見ながら手順を踏んで書くことで、基本的な書く力をつけることができるようにしています。
レポートや卒業論文を書く前の段階として、内容にまとまりのある、体裁の整った
読みやすい文章を書けるようにすることが目標です。

3つのパートで構成されています。

パート1：立場を問うタイプの設問

「～について賛成あるいは反対」のように、どちらか一方の立場から意見を述べる文章を書く練習をします。
意見を述べる文章を書く際の基本が学べます。

パート2：意見を問うタイプの設問

「～についての考え」のように、問いに対する自分の意見を述べる文章を書く練習をします。
論点を絞る必要性、反論の仕方など、パート1の練習を踏まえ、より広い課題に対応できる
文章力をつけるための練習です。

パート3：表現をみがく

うっかり使ってしまいそうな話しことばの例を多く提示しました。
小論文を書きながら、段階に応じて必要な表現を練習していけるよう、
練習問題も一文レベルの基本的な問題だけでなく、文章レベルの実用的な練習を多く取り入れています。

工夫

その1

- 目標に向けて、ワークシート形式で、シートを順に進めることで、文章を書く力がつくように設計しています。また、学生がつまずくと予想されるポイントを現実的な例で押さえています。
- 学生の興味に応じて課題を決められるように、とっつきやすい個人的なものから、社会的な問題まで、幅広くテーマを掲げ、設問リストから選んで書けるようにしています。これにより、各クラスの事情に応じて柔軟に対応できます。また、テーマを吟味する必要のあるレポートや卒業論文を書くための導入教育にも活用できます。

その2

- 論述文の質を重視するため、文章を書く前の段階に時間をかけ、しっかり考え、論じる手順を固めてから書かせるよう工夫しています。これは、次の5つのステップで手順を示しています。
    - Step 1：アイディアを出す
    - Step 2：自分の「言いたいこと」をはっきりさせる（方向性を決める）
    - Step 3：自分の主張の補強（考察を深める）
    - Step 4：アウトライン作成（流れを確認する）
    - Step 5：書き始め
- Step 1〜5は一度に進めるのではなく、少しずつ繰り返し練習します。「書く前の段階」を丁寧に練習し、主張の骨組みの段階で論が通っているかチェックして、問題がなければ次に進み、反復しながら、それぞれの段階を十分に練習するスパイラル方式をとっています。これによって「しっかり考えてから書く」ことの必要性を認識させます。練習問題を1から順に行えば、自然にスパイラルできるようになっています。

その3

考えを深めるための練習として、根拠として挙げる内容の適切性の判断や、
1つの主張に対して複数の根拠を挙げる練習など、従来の教科書にはないタイプの問題を取り入れています。

その4

完成した小論文の実例を豊富に示しています。文章を書くことに慣れていない場合、人は真似することから始めます。参考にできるよう、同じ設問に対して意見の異なる複数の文章を提示しています。
また、パート1、2だけでなく、表記・表現に焦点をあてたパート3にも載せるようにしています。

その5

文章を書くためには、書きことばのインプットも必要です。
そこで、練習問題にも文章レベルのものを取り入れました。「書く」ための練習をしながら、
必然的に書きことばで書かれた文章を「読む」こともできるようになっています。

＊本書を授業で使う先生方に、無料で以下のものを用意しています。
必要な方は、www.cocopb.com/korenara_shoron/ に入手方法が記載してありますので、ご利用ください。

- パート3（表現をみがく）の解答・解説
- 留学生用語彙リスト（ふりがな・英語・中国語・ベトナム語訳）
- 教師用指導マニュアル
- 授業に活用できるPPT

これなら書ける!
説得力のある小論文

目次

パート2　意見を問うタイプの設問

パート3　表現をみがく

O 論述文を書くには

このテキストでは、自分の「意見」を主張する文章＝「論述文」を書く練習をする。
出来事をそのまま伝えたり、その時の感情・感想を表現するのではなく、あるテーマについての自分の「意見」を論理的に伝える文章を書くための練習である。論理的に意見を伝えることは、応募書類や企画書、レポートなど、いろいろな文章を書くときに必要になる。

論述文には目的の異なる、以下のような種類がある。

論述文の種類

	小論文	レポート	論文
具体例	入学試験の小論文 就職試験の小論文 資格試験の小論文	授業での課題・ 職場での報告書など	卒業論文・修士論文・ 投稿論文など
字数制限	200字以内、 800字程度など字数 制限されることが多い	2,000字以上など、 下限があることが多い	規程による
目的	論理的構成で 意見を述べる	調査・理解した ことを報告する	発見したことを 論証する
テーマ	与えられたもの（与えられた範囲の中から設定する場合もある）	与えられたもの（与えられた範囲の中から設定する場合もある）	自分で設定する
データの信頼性	資料で確実であることを示す必要はない	不正確な内容は 認められず、適切な 資料で確実であること を示す必要がある	不正確な内容は認め られず、適切な資料で 確実であることを示す 必要がある
評価のポイント	書きことばの表現を 使い、結論が明確で、 論理的に一貫性が あること	小論文の評価ポイント に加え、さらに他人の 意見と自分の意見を 確実に分けて、調査・ 理解したことを報告 していること	レポートの評価ポイント に加え、さらに オリジナリティのある 発見が論証されて いること

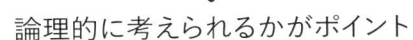

論理的に考えられるかがポイント

このテキストでは、小論文を練習する。

☞小論文を書くためには、以下の２つの力が必要である。

> 1. 自分の意見をまとめる力
> 2. 論述文にふさわしい表現で書く力

1. 自分の意見をまとめるために重要なこと

> ・設問をよく読んで、設問タイプを確認すること
> ・読む人が理解しやすい小論文の**構成**で書くこと
> ・**「主張」**：自分の意見（私は……と考える）と
> 　**「根拠」**：どうしてそう考えるか（なぜなら……からだ）を
> 　　　　しっかり書くこと＝**「説得力」**

2. 論述文にふさわしい表現で書くために重要なこと

> ・書きことばの表現で書くこと
> ・**「主張」**が伝わるように表現すること

☞また、小論文の設問には、A、Bの２つのタイプがある。

A 立場を問うタイプ：～について、賛成か、反対か／○○か、××か
B 意見を問うタイプ：～について、あなたの考えを述べよ

テキストのパート１では、Aタイプの設問を練習し、パート２ではBタイプの設問を練習する。
また、パート３では、書きことばの表現や論の展開に関して練習し、
論述文の表現を身につけよう。

読みやすく、説得力のある小論文のための練習

パート1

1. 読む人が理解しやすい構成で書く
   ＝設問に合った構成で書く（練習1）
2. アイディアをしっかり練ってから書く
   ＝5つのステップで考えを組み立てる（練習2〜7）
3. 振り返り（練習8）

パート2

1. 「根拠」をしっかり挙げる
   a. 適切な事例を複数示す（練習9）
   b. 「根拠」を複数挙げる（練習10、11）
2. 別の視点からの意見を想定し、それを否定する（練習12、13）
3. 「論点」を明確にする
   キーワードの「定義」や「論じる範囲の設定」をする（練習14）
4. 適切な構成で書く（練習15）
5. アイディアをしっかり練ってから書く
   ＝5つのステップで考えを組み立てる（練習16、17）
6. 振り返り（練習18）

パート 1

立場を問う
タイプの設問

ここでは、まずＡタイプの設問について練習する。

【Ａタイプ　〜について、賛成か、反対か／○○か、××か】

【設問例１】：市町村で成人式をするべきであるという考えに賛成か反対か。
【設問例２】：紙の本と電子書籍とどちらで読書するのがよいか。

練習に入る前に設問リスト（1）を見て話そう。
1）600字の小論文を書くとして、一問選び、選んだ理由を話す。
2）「興味があるから」、「自分は絶対こちらの立場だから」のような理由ではなく、
　　どちらの立場に立ってもいろいろなことが言えそうだと思う設問はどれかについて考え、
　　意見を出し合う。

設問リスト（1）

どちらの立場に立つかを明確にして600字で述べなさい。

◆進路決定は自分でするべきか、人に相談して決めるべきか。

◆親子の信頼感や心の安定のために子どもを「ほめて育てる」とよいと言われる。
　　逆に「しっかり叱る」子育てがよいと言われることもある。どちらの考えに賛成か。

◆女性専用車両（あるいは優先席）の設置に賛成か反対か。

◆小学校に入学する前の幼児の時から、外国語を学ばせることについて賛成か反対か。

◆小学生に携帯電話を持たせることに賛成か反対か。

◆（大学の）推薦入試は必要か不要か。

◆携帯電話は人とのコミュニケーションに影響すると考えるか、影響しないと考えるか。

◆動物園および水族館の役割は、種の保存、教育、調査・研究、レクリエーションだという。しかし、良い面ばかりで問題点はないのだろうか。あなたは動物園および水族館は必要だと考えるか、それとも不要だと考えるか。

◆日本には死刑制度があるが、先進国には死刑のない国も多い。死刑制度はあったほうがよいか、それともないほうがよいか。

◆経済的に発展するためには、環境破壊は仕方がないと考えるか。

◆近年、学生がボランティア活動に参加することが増えてきている。ボランティア活動が単位になる大学もあり、ボランティア活動への参加を学生に義務付けるという考えも出てきている。あなたはボランティア活動を義務付けるべきと考えるか、それとも義務付けるべきではないと考えるか。

◆

1 / 読む人が理解しやすい「構成」で書く

練習1：「構成」を確認しよう

設問例1「市町村で成人式をするべきであるという考えに賛成か反対か。」

【小論文例①】「市町村で成人式をするべきか」

> 　私は市町村で成人式をするべきであるという考えに賛成である。**なぜなら、成人式は世の中に大人として認めてもらう機会になっているからだ。**
>
> 　成人になるということは、社会的な立場が変わる大きな出来事だ。飲酒や喫煙もできるようになるし、アルバイトをする、ローン契約する、結婚するなどのとき、親権者の同意なしに自分だけの意志でできる。その節目となる出来事を祝う式を、市町村で行うということは、社会的に「大人になった」と世の中に認めてもらえたということだ。そこに出ることは、人生の「節目」として意味があると思う。
>
> 　しかし、大人として認められたことはお酒が飲めることや、親権者の同意なしにできることが増えることでも十分感じられる。だからわざわざ成人式をしなくても「20歳の誕生日」が十分に節目と言えるという考えもあるだろう。たしかに成人になるのは、「20歳の誕生日」である。だが、社会の中に生きる一人の人間の大きな節目として、他の人たちにも「成人した」ことを示すことが重要である。自他ともに「成人」であることを示すことによって、「成人」としての自覚を促し、責任感が芽生えるように思う。社会的な存在になるという点で市町村の「成人式」は意義がある。
>
> 　**以上のことから、私は市町村で成人式をすることに賛成である。**

☞構成はどのようになっているか、右の枠に書き入れてみよう。
　①主張　②根拠　③事例　④反論の想定　⑤主張の確認

> ①**主張**＝自分の立場
> ②**根拠**＝どうして①の主張をするのかの説明
> ③**事例**＝②の根拠をさらに理解しやすくなるような例
> ④**反論の想定**＝自分の主張する立場と逆の立場から捉えた主張
> ⑤**主張の確認**＝②③も考えあわせての①の再提示

設問例2「紙の本と電子書籍とどちらで読書するのがよいか。」

【小論文例②】「読書をするなら紙の本か電子書籍か」

　　読書をするなら電子書籍をパソコンやスマートフォンなどの端末機器で読むほうがよい。**なぜなら**、電子書籍は、便利で手軽に読める**からだ。**

　まず、電子書籍は紙の本のように重さも厚さもないので、何冊でもダウンロードして一度に持ち運ぶことができる。私は読書が好きで、多種多様な本を読みたいと思っている。**だが**、鞄の中に何冊もの紙の本を入れて持ち歩くのは大変だ。その点電子書籍は端末機器に大量に保存でき、その端末機器さえ携帯していれば、いつでもどこでもそのときの気分に合わせて読みたいものを読むことができる。

　また、電子書籍なら、読書中に本の中に出てきた言葉の意味や情報を知りたいと思ったときに、即座にインターネットで検索することができる。調べたい語をドラッグするだけで調べることができるので、例えば外国語の本を読む場合など、紙の本を調べながら読むのに比べ、はるかに簡単である。

　しかし、現時点では電子化されている書籍はさほど多くない。全ての書籍が電子化されているわけではないので、読みたいものが何でも読めるわけではない。**だが**、出版される電子書籍数は年々増えており、数だけでなく種類も多様化してきている。新しい実験的な作品など電子書籍でしか読めないものもある。

　よって、私は手軽に持ち運んで読める便利な電子書籍で読書するほうがよい。電子書籍で読書することで、読書の楽しみが拡がっていると考える。

☞構成はどのようになっているか、右の枠に書き入れてみよう。
　①主張　②根拠　③詳しい説明　④反論の想定　⑤主張の確認

①**主張**＝自分の立場
②**根拠**＝どうして①の主張をするのかの説明
③**詳しい説明**＝②の根拠に対する詳しい説明
④**反論の想定**＝自分の主張する立場と逆の立場から捉えた主張
⑤**主張の確認**＝②③も考えあわせての①の再提示

Aタイプの設問には、以下の2つの構成モデルが考えられる。

モデル1

①**主張**（問われていることに従って自分の立場を決める）
↓
②**根拠**（どうして①の主張をするのかを説明する）
↓
③**事例**（②の根拠がさらに理解しやすくなるように例を挙げる）
↓
④**反論の想定**
↓
⑤**主張の確認**（②③も考えあわせて①を再提示する）

モデル2

①**主張**（問われていることに従って自分の立場を決める）
↓
②**根拠**（どうして①の主張をするのかを説明する）
↓
③**詳しい説明**（②について詳しく説明する）
↓
④**反論の想定**
↓
⑤**主張の確認**（②③も考えあわせて①を再提示する）

☞【小論文例①】（p.8）と【小論文例②】（p.9）は
　モデル1、モデル2のどちらの構成で書かれているか確認しよう。

　　　　　【小論文例①】は【モデル　　　　】の構成
　　　　　【小論文例②】は【モデル　　　　】の構成

☞さらに　ここにも注目しよう。

　2つの小論文では、どんな接続の表現を使っているか。
　　　　　　　　　　どんな文末表現を使っているか。

　これらについてはパート3でも確認しよう。

2 アイディアをしっかり練ってから書く

思いついた内容をそのまま書くのではなく、アイディアをしっかり練ってから、
自分の主張を述べるのにふさわしい構成で書こう。
アイディアを出してから書き始めるまでを5つのステップで練習しよう。

〈Step 1：アイディアを出す〉

まずは、「設問」から思い浮かぶアイディアを集めよう。

〈Step 2：自分の主張をはっきりさせる〉

アイディアからここでのあなたの「立場」を決めよう。

〈Step 3：自分の主張の補強〉

逆の立場を想定してみよう。
さらに、その意見を否定することができるか考えてみよう。

〈Step 4：アウトライン作成〉

主張に矛盾がないか確認してみよう。
内容に合ったタイトルをつけよう。
これでアウトライン完成！

〈Step 5：書き始め〉

つなぎの言葉を工夫しよう。「書きことば」を使おう。
では、書いてみよう！

☞では、例を見て、各ステップを確認してみよう。

設問例1「市町村で成人式をするべきであるという考えに賛成か反対か。」

〈Step 1：アイディアを出す〉

　　まずは「設問」から思い浮かぶアイディアを集めよう。

やっぱり友達に会いたいから、
市町村でやってもらえると便利。

友達どうしで集まれば
済む話では？

毎年、成人式で騒がしかったり、
暴れたり、マナーが悪いという
ニュースがある。「式」をする必要は
ないかもしれない。

マナーの問題と、「式」を
するしないは関係ない。
その人たちがダメなだけ

テーマ：
市町村で成人式を
するべきだ

★
子供から大人になるのは、
大きな出来事。
社会的な立場が変わる。

★
成人式は周囲に
大人として認められた
ということじゃないか

なかなか集まれないし、
自然に集まれるから便利。
楽しみだ。

そういえば成人式は
なんのためにするのだろう？

誕生日を迎えただけでは
自覚が十分には持てないかも！

〈Step 2：自分の主張をはっきりさせる〉

　アイディアからあなたの「立場」を決めよう。

☞アイディアを見て考えよう。Step 1で挙げたエピソードについて、掘り下げてみよう。

☞アイディアに違う色のペンでいろいろ書き足していこう。

| どうしてそう考える？
たとえばどんなこと？
他に似たような事例はある？ | → | 一番納得できるものを
1つ選ぼう。 |

ここまでの整理

①**主張**　「市町村で成人式をすること」に　（　⬭賛成　・　反対　）

②**根拠**　なぜなら成人式は世の中に大人として認めてもらう機会になっているから

③**事例・**　成人式は世の中に、社会的に「大人になった」と認めてもらえた
　説明　ということだ。人生の「節目」として意味があると思う。

〈Step 3：自分の主張の補強〉

　逆の立場を想定してみよう。さらに、その意見を否定することができるか考えてみよう。

逆の立場の想定：

「大人になったこと」はお酒が飲めるようになること、親権者の同意なしにできること（結婚や契約など）が増えることなどでも十分感じられる。だからわざわざ成人式をする必要はないのでは？

さらに、その意見に反論できるか：

単に個人的なことではなく社会的に大人と認められるという点が重要。だから市町村の「成人式」は意義がある。

主張に矛盾がないか確認してみよう。

ここまでの整理：アウトライン

①主張 | 市町村で成人式をすることに賛成。

②根拠 | 成人式は世の中に大人として認めてもらう機会になっているから。

③事例／説明 | 成人式は世の中に、社会的に「大人になった」と認めてもらえたということだ。人生の「節目」として意味があると思う。

④反論 | 「大人になったこと」はお酒が飲めるようになること、親権者の同意なしにできること（結婚や契約など）が増えることでも十分感じられる。だからわざわざ成人式をする必要はないのではないか。

反論への反論 | しかし社会的に大人と認められるという点が重要。だから市町村の「成人式」は意義がある。

⑤結論 | 市町村で成人式をすることは必要だ。賛成である。

主張に矛盾がないか確認したら、内容に合ったタイトルをつけよう。

タイトル「市町村で成人式をすることの是非」

〈Step 5：書き始め〉

つなぎの言葉を工夫しよう。「書きことば」を使おう。（➡パート3）

小論文完成 (p.8)

では、Step 1 から順にやってみよう！

練習2：アイディアを出す ➡ 主張を決める

設問例2「紙の本と電子書籍とどちらで読書するのがよいか。」

〈Step 1：アイディアを出す〉

まずは「設問」から思い浮かぶアイディアを集めよう。
あいているところに、自分のアイディアを入れてみよう。

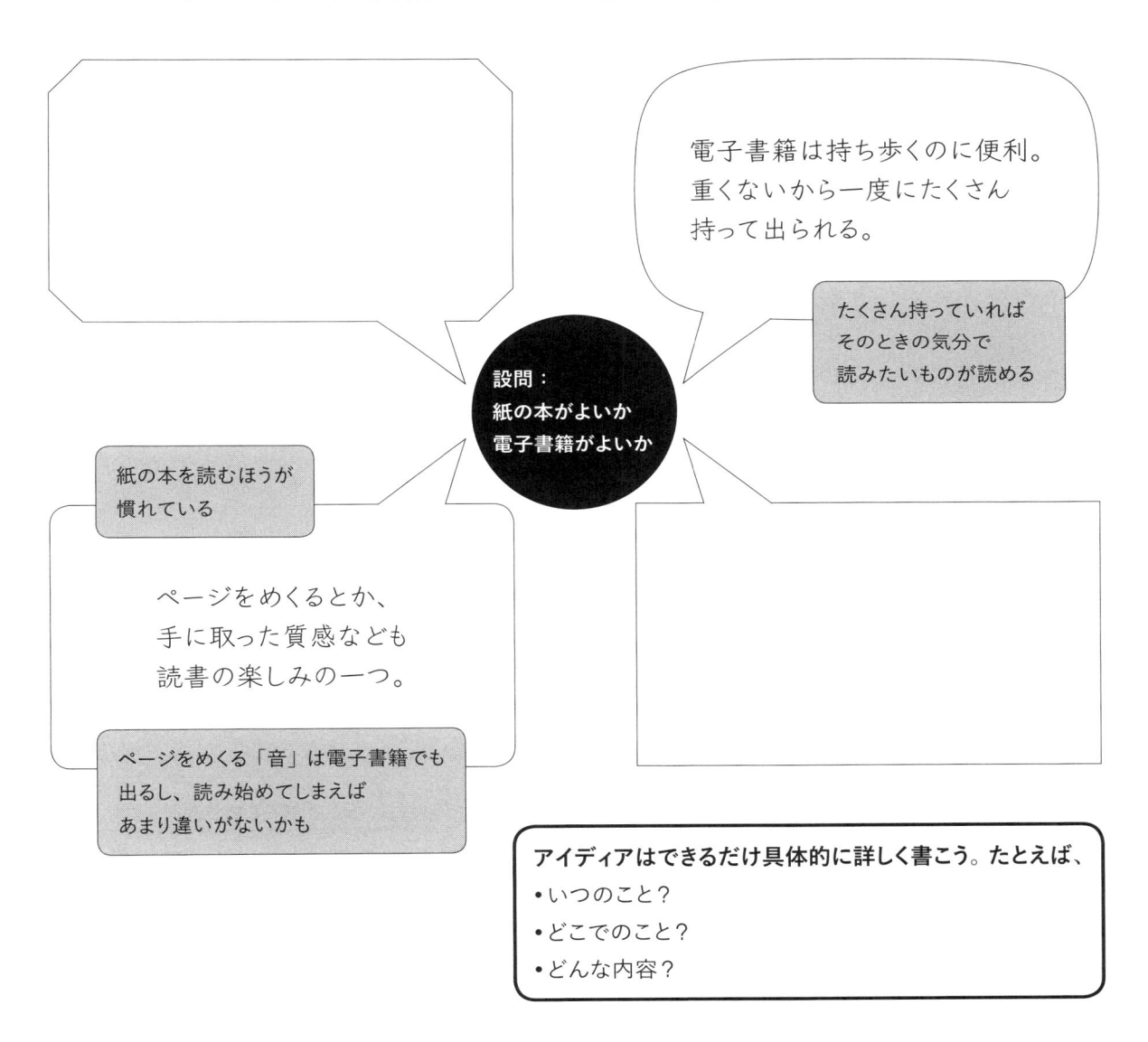

電子書籍は持ち歩くのに便利。
重くないから一度にたくさん
持って出られる。

たくさん持っていれば
そのときの気分で
読みたいものが読める

設問：
紙の本がよいか
電子書籍がよいか

紙の本を読むほうが
慣れている

ページをめくるとか、
手に取った質感なども
読書の楽しみの一つ。

ページをめくる「音」は電子書籍でも
出るし、読み始めてしまえば
あまり違いがないかも

アイディアはできるだけ具体的に詳しく書こう。たとえば、
• いつのこと？
• どこでのこと？
• どんな内容？

☞他の人はどんなアイディアを出しているか、お互いに見せ合おう。

〈**Step 2：自分の主張をはっきりさせる**〉

　　アイディアからあなたの「立場」を決めよう。

☞Step 1で挙げたアイディアについて、掘り下げてみよう。

☞アイディアに違う色のペンでいろいろ書き足していこう。

| どうしてそう考える？
たとえばどんなこと？
他に似たような事例はある？ | ➡ | 一番納得できるものを
1つ選ぼう。 |

ここまでの整理

①主張　　　　読書をするなら、（　　紙の本　　・　　電子書籍　　）　　のほうがよい

②根拠

> なぜなら

③事例／説明

☑ **チェックポイント**　　☞他の人にも見てもらおう。

☐②の根拠は、あなたの選んだ立場を説明する理由として他の人にとっても納得できるものに
　なっているか。
☐③の事例・説明は、②の根拠を具体的に説明するような内容か。つながらないものを挙げて
　いないか。
☐③の事例・説明と②の根拠を読むと、あなたがその立場を選んだことが他の人に十分理解
　できる流れになっているか。

➡　　　では、別の設問でやってみよう。（設問リストはpp.6-7）

練習3：自分で選んだ設問でアイディアを出す ➡ 主張を決める

〈Step 1：アイディアを出す〉

まずは「設問」から思い浮かぶアイディアを集めよう。

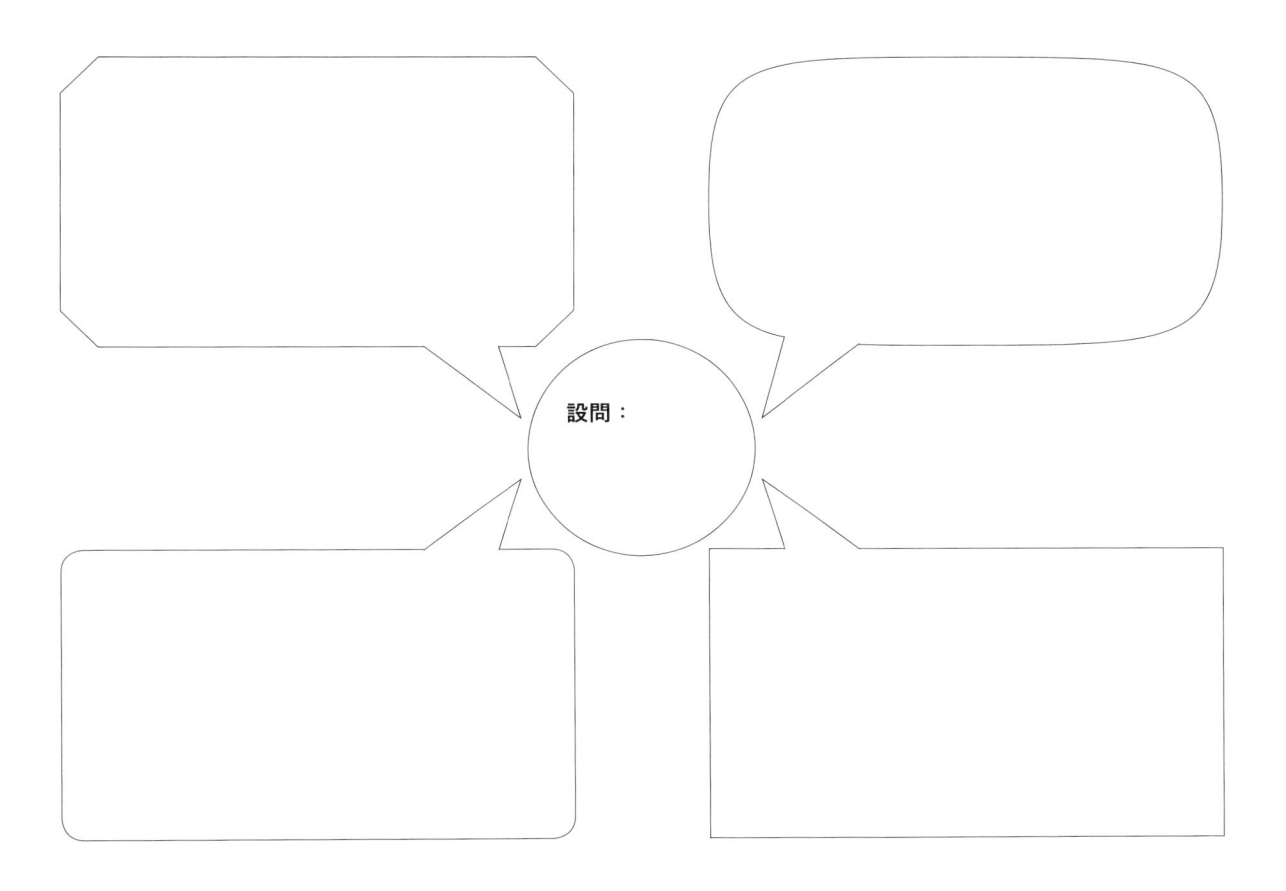

設問：

できるだけ具体的に詳しく書こう。たとえば、

- いつのこと？
- どこでのこと？
- どんな内容？

〈Step 2：自分の主張をはっきりさせる〉

　　アイディアからあなたの「立場」を決めよう。

☞Step 1で挙げたアイディアについて、掘り下げてみよう。

☞アイディアに違う色のペンでいろいろ書き足していこう。

| どうしてそう考える？
たとえばどんなこと？
他に似たような事例はある？ | ➡ | 一番納得できるものを
1つ選ぼう。 |

ここまでの整理

①主張　　　　「　　　　　　　　　　　　　　　」に　（　賛成　・　反対　）

②根拠

なぜなら

③事例／説明

☑ **チェックポイント**　☞他の人にも見てもらおう。

□②の根拠は、あなたの選んだ立場を説明する理由として他の人にとっても納得できるものに
　なっているか。
□③の事例・説明は、②の根拠を具体的に説明するような内容か。つながらないものを挙げて
　いないか。
□③の事例・説明と②の根拠を読むと、あなたがその立場を選んだことが他の人に十分理解
　できる流れになっているか。

➡　では、ここまでを400字で書いてみよう。

練習4：〈Step 2〉までのまとめ　①〜③までを400字で書こう

設問：

学籍番号（　　　　　　）　名前（　　　　　　　　　）

練習5：自分の主張に反論し、それにまた反論する

設問例2「紙の本と電子書籍とどちらで読書するのがよいか。」

この設問に対し、
「紙の本がよい。紙の本では本棚を見れば自分がこれまで何を読んだか、一目でわかるからである」
という主張をしたとする。
これについて考えてみよう。

1）この主張に対し、逆の立場を想定してみよう。

> この主張に反論するとしたら

例：電子書籍でも、本の一覧は表示できるし、場所も取らない。

2）さらに、その意見に反論できるか考えてみよう。

> さらに反論してみると…

例：たしかに、電子書籍にもそのような機能は備わっているが、電子書籍では
　　それはただ便利な機能というだけだ。紙の本では、実際に本棚に並んだものを
　　見ることから自分の読書の歴史を実感できる。

☑ ディスカッション・ポイント

　1. 1）は、主張と反論がかみ合っているか。
　2. 2）は、反論に対する反論が主張している内容と合っているか。
　3. 1）と2）によって、説得力が増しているか。

1）練習2（p.16）で考えた自分の主張に対し、逆の立場を想定してみよう。

自分の主張：「読書をするなら、（　紙の本　・　電子書籍　）　のほうがよい。」

自分の主張に反論するとしたら

2）さらに、その意見に反論できるか考えてみよう。

さらに反論してみると…

☑ **ディスカッション・ポイント**

1. 1）は、主張と反論がかみ合っているか。
2. 2）は、反論に対する反論が主張している内容と合っているか。
3. 1）と2）によって、説得力が増しているか。

練習6：自分の主張に反論し、それにまた反論する

〈Step 3：自分の主張の補強〉

練習3、4（p.17, 18）で選択したものと同じ設問についてやってみよう。

【　設問　　　　　　　　　　　　　　　　　　　　　　　　　　　　　】

自分の主張：「　　　　　　　　　　　　　　　　　　　　　　　　　」

1）この主張に対して、逆の立場を想定してみよう。

> 自分の主張に反論するとしたら

2）さらに、その意見に反論できるか考えてみよう。

> さらに反論してみると…

ここまでの整理：アウトライン

タイトル「　　　　　　　　　　　　　　　　　　　　　　　　　　　」

①主張

②根拠

③事例／説明

④反論

反論への反論

⑤結論

見直し：主張に矛盾がないか、確認してみよう。
　　　　全体の内容に合ったタイトルをつけよう。

☑ **チェックポイント**　☞他の人にも見てもらおう。

> □はじめの主張と根拠　：納得できるか。
> □反論　　　　　　　　：かみ合っているか。
> □反論への反論　　　　：かみ合っているか。
> □結論　　　　　　　　：はじめの主張と一致しているか。
> □タイトル　　　　　　：内容に合っているか。

練習7：〈Step 5〉600字で書いてみよう

設問〈　　　　　　　　　　　　　　　　　　　　　　　　　〉

タイトル「　　　　　　　　　　　　　　　　　　　　　　　」

学籍番号（　　　　　　　）　名前（　　　　　　　　　　　）

（原稿用紙：空欄）

☑ チェックポイント ☞他の人にも見てもらおう。

□書きことばにふさわしくない表現が使われていないか。
□同じ表現を繰り返していないか。
□接続詞を使うべきところで使っているか。
□誤字脱字はないか。
□原稿用紙の使い方は正しいか。

練習8：セルフチェックの力を鍛える（1）

小論文など長い文章を書くとき、ミスをすることはだれでもある。
しかし、自分で間違いに気づく力があれば、他の人に読んでもらう前に、より完成度の高い文章を作ることができる。

ここでは、自分の小論文を見直し、どのようにしたら問題点が改善できるのか考えてみよう。

練習(1)　自分の小論文を評価しよう

まず、自分の小論文を①主張、②根拠、③事例（説明）、
④反論、⑤結論の部分に分けてみよう。

以下の項目について自分の小論文を3〜4段階で評価しよう。
さらに、問題がある点については、どうしたら改善できるか具体的に考えてみよう。

学籍番号（　　　　　　　）　名前（　　　　　　　　　　）

<table>
<tr><td rowspan="3">1</td><td>項目</td><td colspan="3">段落がきちんと作れているか
（内容のまとまりと、改行した位置が合っているか）</td></tr>
<tr><td>評価</td><td>内容のまとまりごとに適当な長さで段落が作られている</td><td>長すぎる段落や短すぎる段落が1つある</td><td>長すぎる段落や短すぎる段落が2つ以上ある</td></tr>
<tr><td colspan="4">問題点</td></tr>
<tr><td rowspan="3">2</td><td>項目</td><td colspan="3">読みやすい流れでバランスがよいか
（①主張→②根拠→③事例／説明→④反論→⑤結論）</td></tr>
<tr><td>評価</td><td>①〜⑤の流れになっていて、バランスもよい</td><td>①〜⑤の流れだが、バランスが悪い（③より④が長いなど）</td><td>抜けているところがあり、①〜⑤の流れになっていない</td></tr>
<tr><td colspan="4">問題点</td></tr>
</table>

	項目	③事例／説明が挙げられているか		
3	評価	わかりやすい 事例／説明が 挙げられている	挙げられているが、 わかりにくい ところがある	挙げられているが、 わかりにくい
	問題点			

	項目	的確な④反論ができているか		
4	評価	事例／説明と反論が かみ合っている。 反論にさらに 反論ができている	事例／説明と反論は かみ合っているが、 反論に反論が できていない	事例／説明と反論が かみ合っていない
	問題点			

	項目	文字数は十分か			
5	評価	95%以上	90%以上	85%以上	80%以下
	どうしたら文字数を増やせるか				

	項目	原稿用紙を正しく使えているか			
6	評価	ミスがない	ミスが1箇所	ミスが 2～3箇所	ミスが 4箇所以上
	間違っていた部分を書き出そう（例：一字下げしていない）				

7	項目	ねじれ文やだらだら文がないか			
	評価	ない	1つある	2つある	3つ以上ある
	おかしかった文を書き出そう				

8	項目	書きことばで書かれているか			
	評価	話しことばが ない	話しことばが 1〜2つ	話しことばが 3〜4つ	話しことばが 5つ以上
	自分の使った話しことばを書き出そう				

9	項目	接続詞は適切に使われていたか （必要な箇所に入れられているか、同じものを連続して使ったり、 文脈に合わないものを使ったりしていないか）			
	評価	必要な個所に 適切に 使われている	必要な箇所に 入れていたが、 使い方が 適切でない	足りない箇所が 複数ある／ 使い方が適切で ないものが 複数ある	足りない個所が 複数あり、 使い方も 適切でない

10	**項目**	同じ表現を繰り返していないか			
	評価	繰り返しが気にならない	同じ表現を集中して3回以上使っている	同じ表現を集中して5回以上使っている	2種類以上の同じ表現を集中して5回以上使っている
	自分が何回も使った表現を書き出そう				
11	**項目**	あいまいな表現がないか			
	評価	あいまいな表現が気にならない	あいまいな表現が1〜2箇所	あいまいな表現が3〜4箇所	あいまいな表現が5箇所以上
	自分の使ったあいまいな表現を書き出そう				

練習(2) 先生のコメントを見直そう

先生からのコメントを見直し、自分の小論文の、特にどのような点が問題なのかを整理しよう。
解決するにはどうしたらよいだろう。

パート2 意見を問うタイプの設問

ここではＢタイプの設問について練習する。

【Ｂタイプ　〜についてあなたの考えを述べよ】

> 【設問例3】：人類は様々な発明をし、それにより私達の生活は大きく向上した。
> 　　　　　　あなたはこの200年間における最大の発明は何だと考えるか。
> 【設問例4】：外国語を学ぶ一番の利点は何か。
> 【設問例5】：ストレス解消にもっともよいと考える方法は何か。
> 【設問例6】：あなたの国に滞在したい外国人の旅行者がいるとする。
> 　　　　　　あなたがぜひ行くべきだともっとも勧めたい場所はどこか。
> 【設問例7】：よいリーダーに求められる資質にはどのようなものが考えられるか。
> 　　　　　　2つ以上挙げて論じなさい。

設問例3〜設問例7は、これまでの設問（Ａタイプ）とどう違うだろうか。

● これまでと違って問いで与えられたものから選ぶのではなく、
　自分で「発明されたもの」、「外国語を学ぶ一番の利点」、「ストレスの解消法」、
　「外国人旅行者へのお勧めの場所」、「よいリーダー」を考えなければならない。
　その上で、なぜそれを「最大の発明」「一番の利点」「一番の解消法」「お勧めの場所」
　「よいリーダー」と言えるかを述べる。

> なぜそれなのか、「根拠」をしっかり挙げる。
> 　　a. 適切な事例を複数示す。
> 　　b.「根拠」を複数挙げる。

● 設問例6、設問例7では、「外国人の旅行者」や「リーダー」とは何かを、はじめに設定して
　おく必要がある。

> 「論点」を明確にすると論じやすくなる。
> 　　必要に応じてキーワードの「定義」や「論じる範囲の設定」をする。

練習に入る前に設問リスト（2）を見て話そう。
1)　800字の小論文を書くとして、一問選び、選んだ理由を話す。
2)　できれば選びたくないと思う設問はどれか、なぜそう思うのかを話す。
3)　1)、2)について他の人の考えを聞き、自分の考えを話す。

設問リスト（2）

立場を明確にし、説得力を出すための工夫を施して800字で述べなさい。

◆外国語を学ぶ利点は多々あるが、あなたが一番の利点だと考えるものは何か。

◆あなたの国に滞在したい外国人の旅行客がいるとする。
　あなたがぜひ行くべきだと最も勧めたい場所はどこか。

◆自分の国の文化を他国の人に1つだけ紹介するとしたら何か。

◆この世があと一週間で終わるとしたら、一番やりたいと考えることは何か。

◆これまでの挫折した経験は何か。

◆世代間には様々なギャップがあるが、あなたと親の世代で最も異なることは何か。

◆ストレス解消によい方法を2つ以上挙げて論じなさい。

◆アルバイトをする意義を2つ以上挙げて論じなさい。

◆あなたの目指す「社会人像」はどのようなものか。

◆ペットを飼うことの意義としてどんなことが考えられるか。

◆携帯電話によって生活にどのような変化が生じたと考えるか。

◆留学することの意義としてどんなことが考えられるか。

◆生命倫理に関わる問題について論じなさい。

◆インターネットが普及した現代社会の問題点を指摘して論じなさい。

◆ 人口知能あるいはロボットと人間との関わりについて論じなさい。

◆あなたが関心のある社会問題は何か。

練習9：適切な事例を示す

設問例4「外国語を学ぶ一番の利点は何か。」

> 「外国語を学ぶ一番の利点は視野が広がることである」と主張したとする。
> 以下の@〜①について、説得力があり事例として適切だと思えるものと、
> 事例として適切ではないと思えるものとに分けなさい。
> また、どうしてそう思ったのかを説明しなさい。

@私は受験勉強で特に英語を頑張った。受験が終わった時、英語で『ハリー・ポッター』を
　読めるようになっていた。

⑥現代はグローバル社会だから、英語ができないと困ると考える人が多い。

ⓒ留学生の友達が話してくれた。日本のアニメが好きで日本語の勉強を始めたのだが、
　今ではアニメだけでなくいわゆるクールジャパンと言われる日本のサブカルチャー全般に
　興味を持ち、いずれ自国との文化の輸出入の仕事をしたいと思うようになったということだ。

ⓓたとえば英語ができたら、海外旅行に行ったときに買い物をしたり、レストランで注文したり、
　英語の案内が読めたりして便利だ。

ⓔ英語と日本語の文法は違う。日本語は主語を言わなくてもわかることが多いが
　英語は全てを言わなければならない。日本語は膠着語で英語は屈折語である。

①最近、日本では「内向きの若者」が増えて、海外留学する人が減っているというニュースを見た。

⑨先週、外国人に道を聞かれた。私は英語が苦手なので困ってしまったが、
　英会話スクールに行っている友達は、英語で説明できてかっこよかった。

ⓗ語学の勉強は、時間も労力もかかり大変な努力が要る。

　ある程度語学を身につけた人は、そういう地道な努力ができる人だとみなされるだろう。

ⓘ一般的にTOEICで高い点数を持っていると就職に有利だと聞く。

　ただ、語学力は就職活動のためというより、入社してから

　海外との取引、出張など仕事の幅を拡げることにつながると考えられている。

ⓙ私はインターネット・ショッピングが好きだ。ネット販売で何でも買える時代だが、

　外国語のサイトも読めたら、もっといろいろなものを見たり買ったりできると思う。

ⓐ〜ⓙを下の表に分類しよう。

説得力がある事例	やや説得力に欠ける事例	事例として使えないもの

どうしてそう思ったのかを説明しよう。

ⓐ

ⓑ

ⓒ

ⓓ

ⓔ

（f）

（g）

（h）

（i）

（j）

☑ **ディスカッション・ポイント**

　1.「視野が広がることである」という主張に対して適切な事例か。
　2.「説得力に欠ける」「事例として使えない」と分類したものは、修正すれば使えるのか。
　3.「視野が広がることである」とは異なる主張に対する場合ならその事例は使えるのか。

練習10：「根拠」を複数挙げる

設問例6
「あなたの国に滞在したい外国人の旅行者がいるとする。
あなたがぜひ行くべきだともっとも勧めたい場所はどこか。」

> 例のように、「主張」に説得力を持たせるための「根拠」を複数挙げなさい。
>
> 例）
> 〈主張〉「名古屋である」
> 〈根拠1〉：「なぜなら、名古屋は、地下鉄の利便性が高く、名古屋城や熱田神宮など
> 日本的な建造物を短時間で見て回れるからである」
> 〈根拠2〉：「さらに、名古屋には、日本の味を代表する味噌文化があり、
> 味噌煮込みうどん、味噌カツなど独特の味が楽しめるからである」

主張	京都である
根拠1	
根拠2	

主張	秋葉原である
根拠1	
根拠2	

主張	沖縄である
根拠1	
根拠2	

主張	（　　　　　　　）である
根拠1	
根拠2	

☑ **ディスカッション・ポイント**

1.「主張」に対して説得力のある適切な「根拠」になっているか。

2.「根拠1」と「根拠2」が同じような内容になっていないか。

練習11：「根拠」を複数挙げる

> 設問例5「ストレス解消にもっともよいと考える方法は何か」に対して、
> 次の2つの主張をした。これらの主張に対して、どのような根拠を挙げたらよいか。
> 説得力をもたせることができるような根拠を複数挙げなさい。

主張	入浴である
根拠1	
根拠2	
根拠 （2つ以上 あれば）	

主張	スポーツをすることである
根拠1	
根拠2	
根拠 （2つ以上 あれば）	

☞「事例」や「根拠」の数を増やすと、論述文により説得力をもたせることができる。

ただし、事例や根拠の数が多ければ多いほどよいというわけではない。

設問の条件や自分の主張に応じて適切な数を考えよう。

☑ ディスカッション・ポイント

1.「主張」に対して説得力のある適切な「根拠」になっているか。

2.「根拠1」と「根拠2」が同じような内容になっていないか。

練習12：別の視点からの意見を想定し、それを否定する

設問例3
「**人類は様々な発明をし、それにより私達の生活は大きく向上した。
あなたはこの200年間における最大の発明は何だと考えるか。**」

上の設問に対し、
（1）主張：「インターネットである」
（2）根拠：「世界中のパソコンをつなぐことにより情報のやり取りができるようになったから」
とした場合について考えてみよう。

1）　<u>（1）**の主張に対し、**</u>別の視点からの意見を想定してみよう。

（1）の主張に反論するとしたら

2）さらに、その意見に反論できるか考えてみよう。

さらに反論してみると…

パート1に戻って
Step3の説明
（P.13）を
確認しよう！

反論は
Step3ね!!

RETURN

3）　(2) **の根拠に対し、**別の視点からの意見を想定してみよう。

> （2）の根拠に反論するとしたら

4）さらに、その意見に反論できるか考えてみよう。

> さらに反論してみると…

☑ **ディスカッション・ポイント**

1. 1）は、「主張」に対する反論になっているか。
   2）は、それに対してさらに的確に反論できているか。
2. 3）は、「根拠」に対する反論になっているか。
   4）は、それに対してさらに的確に反論できているか。
3. 1.と2.によって説得力を増すことになっているか。

練習13：別の視点からの意見を想定し、それを否定する

設問例6
「あなたの国に滞在したい外国人の旅行者がいるとする。
あなたがぜひ行くべきだともっとも勧めたい場所はどこか。」

> 練習10で検討した4つの「主張」とそれに対する「根拠」から1つ選び、
> それらに対して別の視点からの意見を想定し、さらにそれに反論しなさい。

あなたが選んだ主張：(　　　　　　　　　　　　　　　　　　　　　　　である。)

1) 選んだ**主張や根拠に対し**、別の視点からの意見を想定してみよう。

> 主張や根拠に反論するとしたら

---

2) さらに、その意見に反論できるか考えてみよう。

> さらに反論してみると…

☑ **ディスカッション・ポイント**

　1. 別の視点からの意見は「主張」に対してなのか、「根拠」に対してなのか。

　2. 別の視点からの意見に対してさらに反論するにはどうしたらいいのか。

練習14：「論点」を明確にする──定義・範囲の設定の表現

小論文に説得力を持たせるには、「論点」を明確にすることが大切である。
論じる上でのキーワードを定義すること、論じる範囲を設定することで論点を明確にすることができる。論点を明確にするための「定義」や「範囲の設定」の表現を確認しよう。

設問例7「よいリーダーに求められる資質にはどのようなものが考えられるか。」

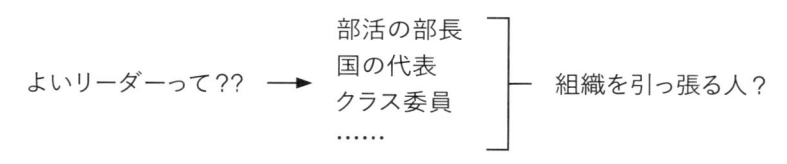

【定義する表現】

大切なことは、その定義は自分が便宜的にしたものであるということがわかるように
表現することである。以下のような表現が一般的だ。

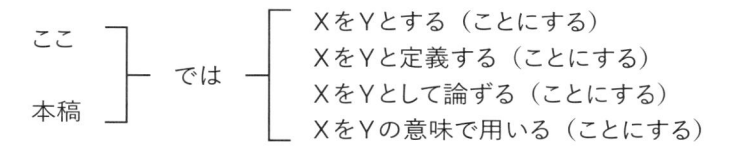

（X：定義するもの　　Y：定義の内容）

> 例：私がリーダーという言葉から連想するのは、国のトップや会社の社長などである。リーダーとはそのような組織でリードする（引っ張っていく）人という意味であろう。ここでは「リーダー」を「組織において進むべき方向を決める者」として論じることにする。

【範囲の設定をする表現】

範囲の設定も便宜的にしたものであることがわかるように表現しなければならない。

以下のような表現が一般的だ。

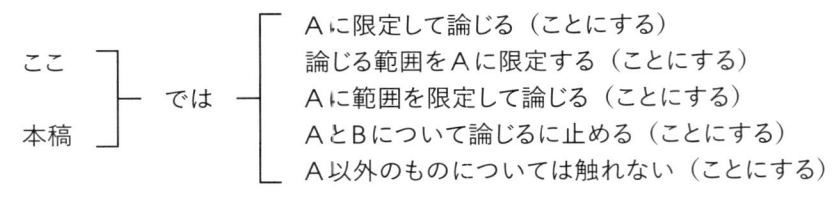

ここ・本稿 — では —
- Aに限定して論じる（ことにする）
- 論じる範囲をAに限定する（ことにする）
- Aに範囲を限定して論じる（ことにする）
- AとBについて論じるに止める（ことにする）
- A以外のものについては触れない（ことにする）

（A, B：論じるもの）

> 例：リーダーといっても、国家レベルのリーダーから大学等のサークルのリーダーに至るまでさまざまである。また、現代だけでなく、歴史上のリーダーも挙げられる。私は歴史から学べることが多いと考え、**ここでは戦国武将に範囲を限定して論じることにする。**

設問例6について論点を明確にするために、「外国人旅行者」を論じる範囲を設定しなさい。

設問例6
「あなたの国に滞在したい外国人の旅行者がいるとする。
あなたがぜひ行くべきだともっとも勧めたい場所はどこか。」

ヒント：国籍は？　何人？　家族／友だち？　年齢層は？　はじめて？　興味は？

日本といえば
アニメやまんが。
クールな日本を
体験したいな。

小さい
子ども連れだし、
お寺や古いものには
興味ないかも。

京都がお勧め

日本の古い歴史に
興味あるし、
お寺や神社を
見るのが好き。

日本に行くのは
5度目だし、
京都は4回も行ってる
からなぁ。

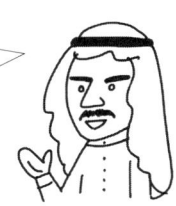

ここでは外国人旅行者を

として論じることにする。

☞「外国人旅行者」を論じる範囲を設定した場合と、しない場合とで、
　どのような違いがあるか考えてみよう。

☑ **ディスカッション・ポイント**

　「外国人旅行者」に勧めたい場所が思い浮かぶような範囲の設定ができているか。

> ⓐは、パート2の設問リスト（2）の中の1つである。定義した、あるいは範囲を設定した理由がわかるように、後をつづけて書きなさい。

ⓐアルバイトをする意義を2つ以上挙げて論じなさい。

> ヒント：
> アルバイトと聞いて思い浮かぶことは？　何に注目する？
> アルバイトの期間は？　報酬は？　職種は？　etc.
> アルバイトをする人の年齢は？　目的は？　etc.

> アルバイトするといっても、学生のアルバイト、主婦のアルバイト、
> _____　など様々である。
> また、
> _____　多様だ。
> ここでは、
> _____　論じることにする。

☑ **ディスカッション・ポイント**　　☞ p.46の【範囲の設定をする表現】参照

1. なぜ定義・範囲の設定をする必要があるのか。
2. 定義・範囲の設定をしたことで、論じやすくなったか。

チャレンジ！

ⓑ〜ⓔはパート1の設問リスト（1）の中から取り挙げたものである。
定義・範囲を設定するとよいと思う設問を1つ選び、定義・範囲の設定をしなさい。
その際、定義する、あるいは範囲を設定する必要性がわかるように書きなさい。

ⓑ　進路決定は自分でするべきか、人に相談して決めるべきか。
ⓒ　（大学の）推薦入試は必要か不必要か。
ⓓ　携帯電話は人とのコミュニケーションに影響すると考えるか、影響しないと考えるか。
ⓔ　経済的に発展するためには、環境破壊は仕方がないと考えるか。

選んだ設問：

練習15：適切な構成で書く

それぞれの小論文がどのような構成になっているか確認してみよう。

設問例3
**「人類は様々な発明をし、それにより私達の生活は大きく向上した。
あなたはこの200年間における最大の発明は何だと考えるか。」**

【小論文例（1）】「この200年間における最大の発明」

　私は電気の実用化が最大の発明だと考える。**なぜなら**、電気が実用化されたことによって生み出されたものは多く、それらが私たちの社会を大きく変えた**からだ**。

　たとえば、電話を代表とする通信手段が挙げられる。電気の実用化に伴い電話が発明されると、社会は大きく変化した。それまで手紙や文書が何日もかかって届けられていたのに対し、電話では同時にお互いの音声を聞きながら話すことができるようになった。電話やさらに発達した通信手段により、時差がなく、より早く情報を交換できることで、個人生活はもちろん、企業や外交においてももたらされた変化は大きい。

　また、電気の実用化によって多くの電化製品が作られたことも、社会を変えた例として挙げられる。中でも、ろうそくの火やガス灯に代わり普及した電気の照明機器は、私たちが活動できる時間や場所を格段に拡げた。日が沈んでからも容易に食事したり、勉強したり、遊んだりできるのは、明るく長時間使用できる照明機器のおかげである。活動時間や場所を拡げた電化製品としては、エアコンもある。以前テレビ番組で、ある常夏の国の大統領が、明るい電気とエアコンが普及したことで国全体の生産性が上がり、もたらされた経済効果は計り知れないと言っているのを見たことがある。電気の実用化は、個人の生活だけでなく、1つの国、ひいては社会全体を大きく変化させている。

　しかし、社会における影響力では、インターネットやパソコンの発明も大きいのではないかという考えもある。現代社会は、もはやインターネットやパソコンがなければ成り立たない。**もちろん**、私たちの生活にインターネットやパソコンは欠かせないものになっており、これらの影響力は大変大きいものである。**だが**、インターネットもパソコンも電気の実用化がなかったら存在しないものだ。電気の実用化が私たちの社会に与えた影響力は比類がないものなのである。

したがって、社会を大きく変えた発明は多いが、それらは結局電気の実用化によって生み出されたものであることから、私は、ここ200年間での最大の発明は電気の実用化であると主張する。

☞構成を確認しよう。
　　①主張　　②根拠　　③事例1　　③事例2　　④別の視点からの意見　　⑤結論

☞さらにここにも注目しよう。
　　どのように説得力を出す工夫をしているか。
　　接続の表現はどんなものを使っているか。

【小論文例（2）】「この200年間における最大の発明」

> 　私は最大の発明は電気の実用化だと考える。理由は2つある。
> 　まず、電気がなかったら現代社会では生活が成り立たないからである。私たちは、多くの電化製品に頼って生活している。夏の暑さにはエアコンが欠かせないし、寒い季節の暖房器具も電化製品が多い。電子レンジや冷蔵庫、洗濯機、照明機器がない生活は大変不便なものであることが容易に想像できる。さらに、交通手段や通信手段も電気によるものが大半である。電車はもちろん、電気自動車も実用化されつつある。また、携帯電話も充電することなしには使えない。電気が使えなくなったら、その瞬間から日常生活に支障をきたすことは、多くの災害時に私たちは経験している。
> 　次に、今のところ電気に代わるものがなく、これからも電力はエネルギーの主流であると考えられるからである。電気エネルギーを作るのには様々な方法があるが、それらが地球環境に悪影響をおよぼし、中でも原子力発電所の事故は深刻な環境破壊をもたらすことが問題になっている。そこで電気に代わるエネルギーとして水素で走る車が試作されたり、光エネルギーの研究が進められていると聞く。しかし、これらはまだ開発途上であり、実用化されるには時間がかかることから、現在も未来もまだまだ電力が主流だと思われるのである。
> 　このように、電力は現代社会のエネルギーの主流であり不可欠なものであるが、同じくインターネットもまた、それ無くして現代社会は成り立たないのではないかという意見もあるだろう。たしかに、私たちの生活にインターネットは多大に関わっている。しかし、インターネットも電気がなければ存在しないし、世代や地域によってはインターネットを利用しない人々が多く存在していることも事実である。
> 　以上のことから、電気は現代社会に不可欠なものであり、未来においても重要なエネルギーであり続けると予想できることから、私は電気の実用化が最大の発明であると考える。

☞構成を確認しよう。
　①主張　②根拠1　③詳しい説明1　②'根拠2　③'詳しい説明2
　④別の視点からの意見　⑤結論

☞さらにここにも注目しよう。
　どのように説得力を出す工夫をしているか。
　接続の表現はどんなものを使っているか。

小論文例（1）は「複数の事例」を、小論文例（2）は「複数の根拠」を挙げている。それぞれの構成は、以下のようになっている。

例（1）

モデル3-1

①**主張**（設問の要求に従って自分の立場を決める）
↓
②**根拠**（主張を選んだ理由を説明する）
↓
③**事例1**（根拠に対してふさわしい例を挙げる）
↓
③**事例2**（さらにもう1つ根拠に対してふさわしい例を挙げる）
↓
④**別の視点**からの意見
↓
⑤**結論**（②③もふまえて①を確認し再提示する）

例（2）

モデル3-2

①**主張**（設問の要求に従って自分の主張を決める）
↓
②**根拠1**（主張を選んだ理由を説明する）
③**詳しい説明1**（根拠1について詳しく説明する）
↓
②'**根拠2**（主張を選んだもう1つの理由を説明する）
③'**詳しい説明2**（根拠2について詳しく説明する）
↓
④**別の視点**からの意見
↓
⑤**結論**（②③をふまえて①を確認し再提示する）

☞もう一度、小論文例（1）（2）に戻って構成を確認しよう。

「よいリーダーに求められる資質にはどのようなものが考えられるか。2つ以上挙げて論じなさい。」

【小論文例（3）】「よいリーダーに求められる資質」

　　私がリーダーという言葉から連想するのは、国のトップや会社の社長などである。リーダーとはそのような組織でリードする（引っ張っていく）人という意味であろう。ここでは「リーダー」を「組織において進むべき方向を決める者」として論じることにする。このようなリーダー像としては、歴史上の武将や政治家、企業のCEOやSFに登場する人物など様々挙げられる。だが、求められる資質は彼らが置かれた時代や環境によって異なると思われる。したがって、**ここでは論じる範囲を現代社会における企業のリーダーに限定したい。**

　　私が考えるリーダーに求められる資質は、判断して決断する力、勤勉さ、責任感の3つである。

　　まず、判断して決断する力であるが、これは進むべき方向を決める時に最も必要とされる資質であろう。**もちろん**的確な判断をするためには、その材料となる情報が重要である。現代の社会は情報に溢れており変化も激しい。雑多な情報の中から必要な情報を収集し分析する能力も必要だと言える。**ただし、**正しい情報を集めて分析するだけに止まらず、それをもとに方向性を決断する力こそリーダーに求められるのである。

　　次に、勤勉さについてであるが、リーダーは判断ミスが許されない。組織を正しい方向に導くために、そのもとになる情報分析の能力を絶えず鍛える努力が必要とされる。先天的に資質を持った者がリーダーになりやすい**という考えもあるが、**そのような人物でもやはり、この変化の激しい現代社会でリーダーシップを発揮するには、資質をさらに鍛える勤勉さが必要であると考える。

　　最後に責任感について述べる。リーダーは判断を誤ってはいけないが、どんなに優れたリーダーでも判断ミスをすることがあるだろう。しかし、その際自らが責任を取れるかどうかが重要である。それが部下の信頼を得ることにもなるからである。

　　以上のことから、よいリーダーに求められる資質として、私は判断して決断する力、勤勉さ、責任感の3つを挙げたい。

☞構成を確認しよう。
　①定義や範囲の設定　②主張　③主張の説明1
　③'主張の説明2　③''主張の説明3　④別の視点　⑤結論
☞さらにここにも注目しよう。
　論点を明確にするために何をしているか。
　別の視点からの意見をどこにどのように入れているか。

小論文例（3）は、練習14（p.45）で学んだ定義・範囲の設定をしている。
論述文の構成は、以下のようになっている。

モデル4

①**定義や範囲の設定**（キーワードの意味の定義や、論じる範囲を設定する）
　　↓
②**主張**（設問の要求に従って自分の主張を決める：複数）
　　↓
③**主張の説明1**（1つ目の主張を選んだ理由や事例を挙げる）
　　↓〔④**別の視点からの意見1**〕
③'**主張の説明2**（2つ目の主張を選んだ理由や事例を挙げる）
　　↓〔④'**別の視点からの意見2**〕
③''**主張の説明3**（3つ目の主張を選んだ理由や事例を挙げる）
　　↓
⑤**結論**（①③③'③''もふまえて②を確認し再提示する）

☞もう一度、小論文例（3）に戻って構成を確認しよう。

☞モデル4はあくまでも一つの例である。例えばモデル4では④は③③'の中に入れているが、
　これ以外の方法を組み入れることも可能である。

Bタイプの設問で必要なことが理解できただろうか。
では設問リスト（2）（pp.33–34）から設問を選んで、
実際に小論文を書いてみよう。

練習16：アイディアを出す ➡ アウトライン作成

〈Step 1：アイディアを出す〉

まずは思い浮かぶアイディアを集めよう。

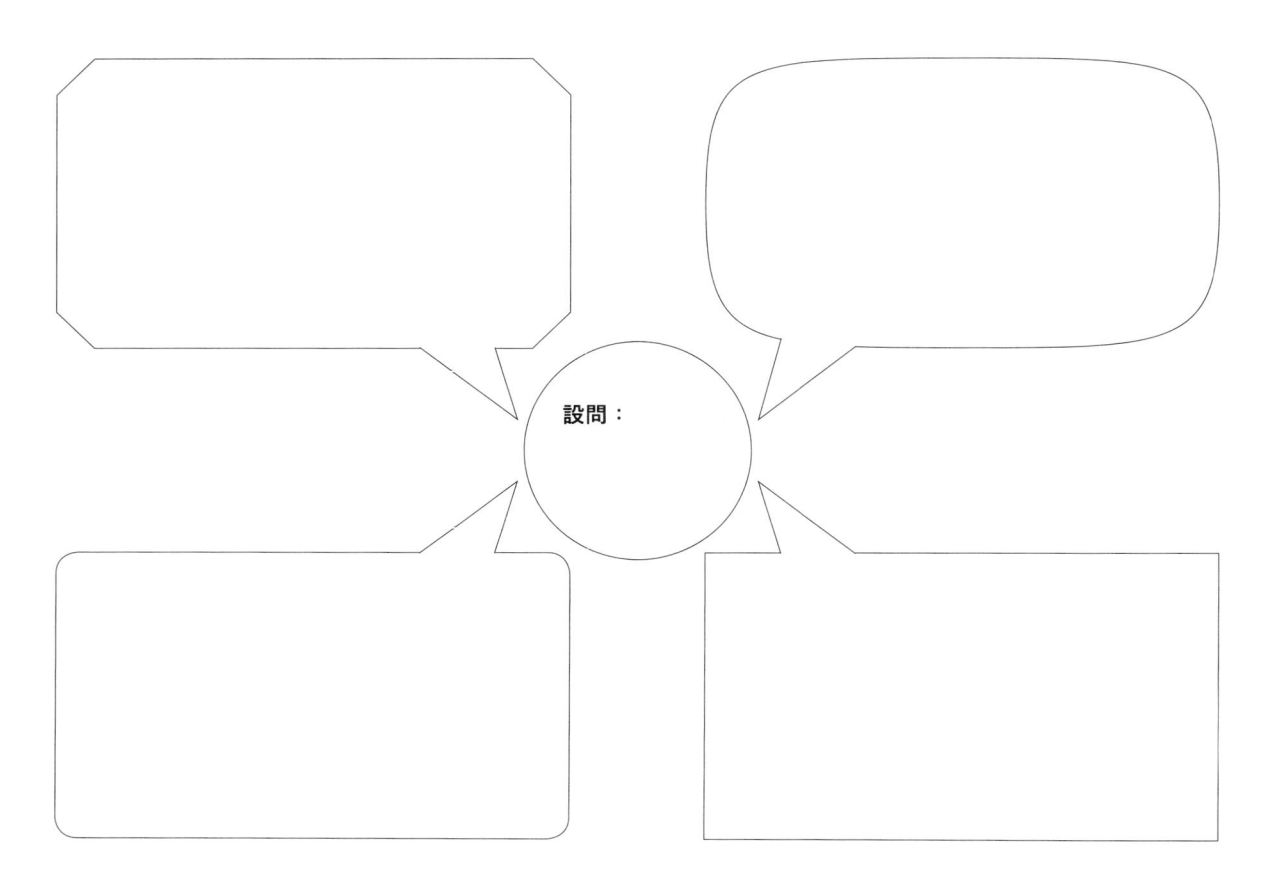

設問：

〈Step 2：自分の主張をはっきりさせる〉

アイディアからここでの「主張」を決めよう。

☞アイディアに違う色のペンでいろいろ書き足していこう。

> 説得力を持たせるために根拠、事例をいくつ挙げたらよいか。
> 定義や論じる範囲を設定する必要があるか。

〈Step 3：自分の主張の補強〉

> 別の視点からも検討しよう。
> また、それを否定することができるか。

<u>〈Step 4：アウトライン作成〉</u>

☞どんな展開で述べたらよいか、よく考えてアウトラインを作成しよう。

> タイトル　（定義・範囲の設定）　主張　根拠　事例／説明
> 別の視点からの意見／それに対する反論　結論

タイトル	
結論	

見直し：展開がスムーズかどうか確認してみよう。
　　　　読み手の視点を意識しよう。内容に合ったタイトルをつけよう。

☑ **チェックポイント**

□はじめの主張と根拠	：納得できるか。
□事例	：内容・数は適切か。
□別の視点からの意見と反論	：かみ合っているか。
□論点	：明確か。
□結論	：はじめの主張と一致しているか。
□タイトル	：内容に合っているか。

練習17：〈Step 5〉800字で書いてみよう

設問 〈　　　　　　　　　　　　　　　　　　　　　　　　〉

タイトル「　　　　　　　　　　　　　　　　　　　　　　　」

学籍番号（　　　　　　）　名前（　　　　　　　　）

☑ チェックポイント

□書きことばにふさわしくない表現が使われていないか。

□同じ表現を繰り返していないか。

□接続の表現を使うべきところで使っているか。

□誤字脱字はないか。

□原稿用紙の使い方は正しいか。

練習18：セルフチェックの力を鍛える（2）

小論文には、読む人が理解しやすい構成、説得力のある内容、
小論文にふさわしい表現が求められることを学んできた。
ここでは、これらの点について自分の書いた小論文を見直してみよう。

練習(1)　自分の小論文を評価しよう

自分の小論文の構成を確認してから、以下の項目について3〜4段階で評価しよう。
さらに、問題がある点については、どうしたら改善できるか具体的に考えてみよう。

学籍番号（　　　　　　　　　）　名前（　　　　　　　　　　　）

1	項目	**段落がきちんと作れているか** （内容のまとまりと、改行した位置が合っているか）		
	評価	内容のまとまりごとに 適当な長さで 段落が作られている	長すぎる段落や 短すぎる段落が 1つある	長すぎる段落や 短すぎる段落が 2つ以上ある
	問題点			
2	項目	**読みやすい流れでバランスがよいか** （①主張→②根拠→③事例／説明→④反論→⑤結論）		
	評価	①〜⑤の流れに なっていて、 バランスもよい	①〜⑤の流れだが、 バランスが悪い （③より④が長いなど）	抜けているところが あり、①〜⑤の流れに なっていない
	問題点			

	項目	事例あるいは根拠が複数挙げられているか		
3	評価	事例あるいは根拠が複数挙げられていて説得力がある	複数挙げられているが、あまり適切ではない。（主張とずれている、あるいは似通っているなど）	挙げられているが適切ではない。あるいは、1つしか挙げられていない
	問題点			
	項目	論点を明確にするために、定義や論じる範囲の設定をしているか		
	評価	定義・範囲の設定が的確にできていて、論点が明確になっている	定義・範囲の設定はしているが、それによって論点が明確になっているわけではない	定義・範囲の設定ができていない、あるいは、論じる上で意味のない設定である
	問題点			
4	項目	別視点からの反論に的確な反論ができているか		
	評価	別視点からの反論ができている。その反論にさらに的確に反論できている	別視点からの反論はできているがそれに対する反論ができていない	別視点からの反論もそれに対する反論もできていない
	問題点			

	項目	文字数は十分か			
5	評価	95％以上	90％以上	85％以上	80％以下
	どうしたら文字数を増やせるか				

6	項目	原稿用紙を正しく使えているか			
	評価	ミスがない	ミスが1箇所	ミスが2〜3箇所	ミスが4箇所以上
	間違っていた部分を書き出そう（例：一字下げしていない）				
7	項目	ねじれ文やだらだら文がないか			
	評価	ない	1つある	2つある	3つ以上ある
	おかしかった文を書き出そう				
8	項目	書きことばで書かれているか			
	評価	話しことばがない	話しことばが1〜2つ	話しことばが3〜4つ	話しことばが5つ以上
	自分の使った話しことばを書き出そう				
9	項目	接続詞は適切に使われていたか （必要な箇所に入れられているか、同じものを連続して使ったり、 文脈に合わないものを使ったりしていないか）			
	評価	必要な個所に適切に使われている	必要な箇所に入れていたが、使い方が適切でない	足りない箇所が複数ある／使い方が適切でないものが複数ある	足りない個所が複数あり、使い方も適切でない
	問題点				

	項目	同じ表現を繰り返していないか			
10	評価	繰り返しが気にならない	同じ表現を集中して3回以上使っている	同じ表現を集中して5回以上使っている	2種類以上の同じ表現を集中して5回以上使っている
	自分が何回も使った表現を書き出そう				

	項目	あいまいな表現がないか			
11	評価	あいまいな表現が気にならない	あいまいな表現が1〜2箇所	あいまいな表現が3〜4箇所	あいまいな表現が5箇所以上
	自分の使ったあいまいな表現を書き出そう				

練習(2) 先生のコメントを見直そう

先生からのコメントを見直し、自分の小論文の、特にどのような点が問題なのかを整理しよう。
解決するにはどうしたらよいだろう。

パート 3 / 表現をみがく

1 基本ルール：
書きことば・文体・原稿用紙の使い方

話しことばを使ったり、原稿用紙の使い方を誤っていたりすると、
それだけでレベルの低い論述文と見られてしまう。この章ではこれらのルールを確認しよう。

【1. 書きことば】

以下は論述文で誤って使われることの多い話しことばと、対応する書きことばの一部である。
話しことばは使わないようにしよう。

話しことば	書きことば
一番 いっぱい　たくさん かなり　すごく　とても ずっと ぜんぜん そんなに だんだん ちゃんと どんどん もっと もう やっと	もっとも 多く　多数 非常に　極めて ①はるかに　②長期間・長時間 全く それほど 次第に　徐々に 正しく　きちんと　十分に ①着々と・ますます　②急速に・急激に さらに　より すでに ようやく
いろいろな　いろんな そんな	さまざまな　多様な そのような
それに なので　だから だけど　でも あと	その上 そのため　したがって　ゆえに しかし　だが それから　その上

話しことば	書きことば
見れる　食べれる　etc. 〜じゃない 〜たら 〜とか、〜とか （例：映画を見るとか、旅行に行くとか） 〜てる／〜とく 〜ないで／〜なくて 〜ないといけない／〜なきゃならない 〜んだ 〜わけで／〜けれど 〜みたいな　〜っぽい	見られる　食べられる　etc. 〜ではない 〜と／〜ば 〔終止形〕、〔終止形〕　など （例：映画を見る、旅行に行くなど） 〜ている／〜ておく 〜ずに／〜ず 〜なければいけない／ 　〜なければならない 〜のだ ので・〜ため／〜が 〜のような
コンビニ／スマホ　etc. 携帯／就活　etc.	コンビニエンスストア／ 　スマートフォン　etc. 携帯電話／就職活動　etc.

表の中の話しことば「ずっと」「あと」などを見てもわかるように、対応する書きことばは
必ずしも1つではない。どの表現が適切か、前後の文脈を考えて判断する必要がある。

<u>練習1</u>　　次の文中の_____は、書きことばにふさわしくない表現である。どのような表現に
替えたらよいか考えて、〔　　　　　　〕の中に書いてみよう。

（1）現在の日本では食べるのに困ることは<u>少ないけれど</u>、戦中戦後はたくさんの
　　人たちがその日の食べ物にすら困っていたという。

　　⇒〔　　　　　　　　　〕〔　　　　　　　　　　　　〕

（2）地球環境を守るために一人一人の人間が日常生活でできることは<u>そんなに</u>
　　多くないかもしれない。<u>でも</u>、何もしないよりは<u>ずっと</u>よい。

　　⇒〔　　　　　　　　　〕〔　　　　　　　　　〕〔　　　　　　　　　　〕

（3）小学校での英語教育の一番大きな問題は、教えれる教員が限られてることだ。

⇒〔　　　　　　　　　〕〔　　　　　　　　　　　　〕〔　　　　　　　　　　　　〕

（4）ネットの使用人口はどんどん増加している。

⇒〔　　　　　　　　　〕〔　　　　　　　　　　　　〕

（5）十分な議論をしないで法案を通さないでください。

⇒〔　　　　　　　　　〕〔　　　　　　　　　　　　〕

（6）小学校での英語教育はもう始まっている。なので、小学生を対象とした
英語教育の塾とかに親の関心が集まっている。

⇒〔　　　　　　　　　〕〔　　　　　　　　　　　　〕〔　　　　　　　　　　　　〕

（7）学生なんだから、勉強よりバイトを優先すべきじゃないんじゃないか。

⇒〔　　　　　　　　　〕〔　　　　　　　　　　　　〕〔　　　　　　　　　　　　〕

（8）地球温暖化を防ぐためには、エアコンの温度を控えめにするとか、
水や電気を節約するとか、一人一人の努力が必要だ。

⇒〔　　　　　　　　　〕〔　　　　　　　　　　　　〕

（9）健康的に痩せるためには急なダイエットではダメで、
生活をだんだん変えていくのが効果的だ。

⇒〔　　　　　　　　　〕〔　　　　　　　　　　　　〕

（10）「架空請求」など、電話等を用いた詐欺が横行している。
そんな犯罪を防ぐにはどうしたらよいんだろう。

⇒〔　　　　　　　　　〕〔　　　　　　　　　　　　〕

【2. 論述文の文体】

論述文は通常「だ・である体」で書かれる。レポートや卒業論文などを書くためにも、
「だ・である体」で適切に文章を書けるようにしよう。
また、以下のような論述文に不適切なことばや表現などは使わないようにしよう。

①「かな」「よ」などの、問いかけや働きかけを行う文末

例）社会全体でこの問題について考えたいなと思う。

②記号、顔文字

例）果たしてそのような状況で安楽死は認められるのだろうか…。

③「～さん」「様」などや、敬語表現

例）篠原先生は論文の中でこの問題についての詳細な説明をされている。

④過度な謙遜

例）私のような一学生の立場で言うべきことではないが、今の政治家には信念が感じられない。

⑤体言止め

例）最近問題になっている、SNSの利用マナー。どのような改善案が有効か、検討が必要だ。

⑥通常行われない表記方法

例）子どもの数が著しく減った為、小学校を閉校せざるをえなくなった。

練習2 **以下の文を論述文に用いる文として適切な文にしよう。**

（1）外国人労働者を積極的に受け入れるべきか…、これは国として考えるべき
　　大きな問題。

　　　⇒

（2）周囲に貢献させていただける人材になるには、何を学ぶべきだろうか？

　　　⇒

（3）思ったような結果を残せなくて、残念！

　　　⇒

（4）たばこを吸われる方と吸われない方が共存できる街づくりを考えましょう。

　　　⇒

（5）皆さんが自分自身で、環境のために起こすべき行動を考えなければ
　　ならないのではないでしょうか。

　　　⇒

（6）生活保護の受給者の増加が問題視されていますが、働きたくても働けない人も
　　いるんですよ。

　　　⇒

（7）社会福祉の専門家の方は、社会福祉に関わる仕事は、現在、これまでにない程
　　需要が高まっていると指摘されています。

　　　⇒

（8）社会人が軽はずみな行動をしないほうがいいなと思う。社会人は自分の行動に
　　　責任を持つべきだ!と強く思う。

　　　　⇒

（9）食育講座に参加させて頂いて、和食の特徴の1つとして、魚介類の摂取量が
　　　多い事を学んだ。

　　　　⇒

（10）自分のような知識のない者が言うのもおかしいが、現在の政府の政策には問題点
　　　が多いかなと思う。

　　　　⇒

【3. 原稿用紙の使い方】

以下は原稿用紙を使う際の最低限のルールである。ここでしっかり確認しよう。

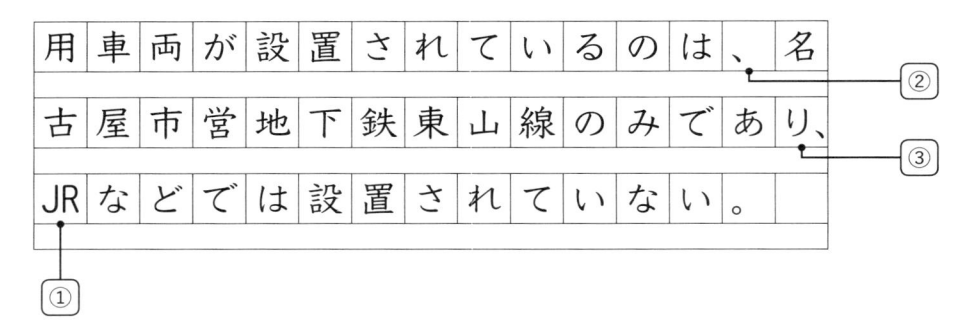

① 「2000」「JR」などの英文字や数字は、原則的に1マスに2文字入れて書く。
② 「、」「。」は1マス使って書く。
③ ただし、この場合は「、」「。」が左端に来ないよう、右端のマスに一緒に入れる。

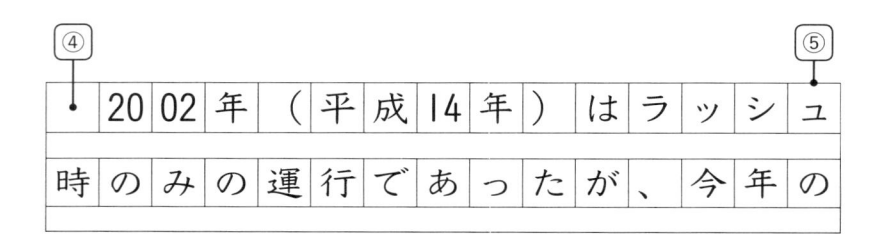

④ 新しい段落は、1マス空けて書き始める。
⑤ 小さい「っ」や「ャ・ュ・ョ」は1マス使って書く。

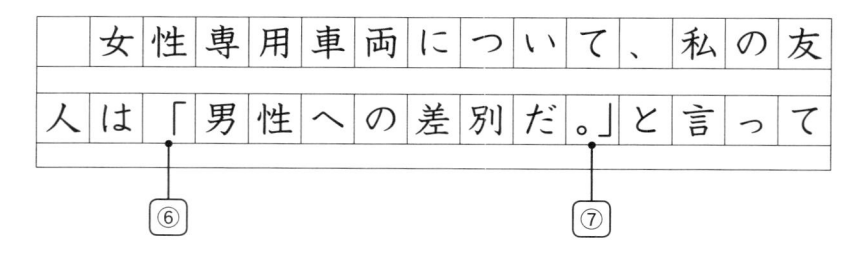

⑥ 「　」や（　）は、カッコでとじる内容に寄せる。
⑦ 「　」の内容の最後に「。」があるときは、このように1マスに入れる。

練習3 **次の文章を原稿用紙に写してみよう。**

　「理学療法士（PT）」および「作業療法士（OT）」は、リハビリテーションの専門職であり、それぞれ個別の国家資格である。PTは、起き上がる、歩くなど身体の基本的な機能回復をサポートし、OTは、掃除する、創作する、体操するなど社会復帰のための訓練を補佐する。社会的需要が増し、国家試験の受験者数は両者共、2000年以降増加の傾向にある。

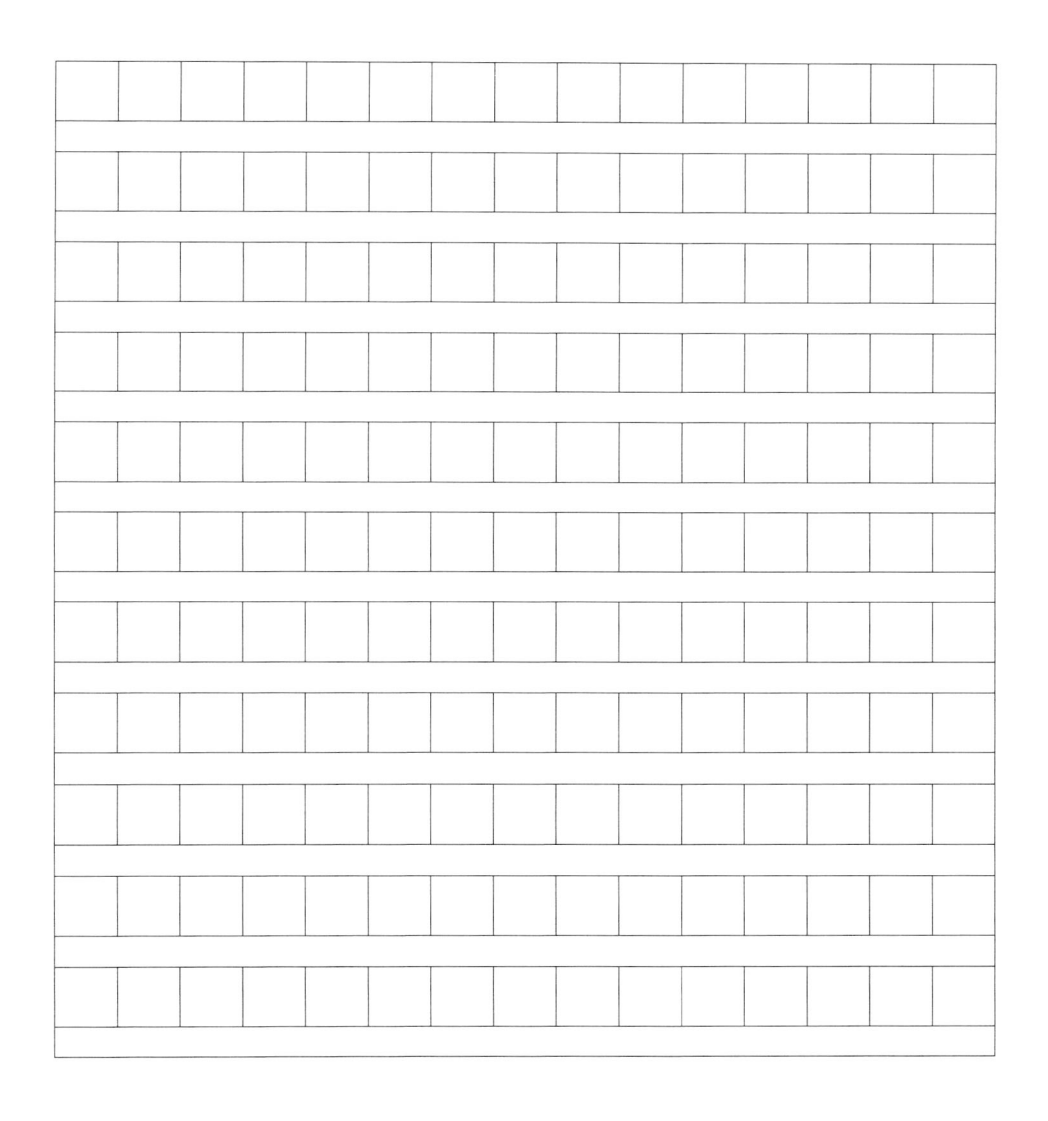

2 文や表現の問題

論述文を書く際、完成を急ぐあまり、前の文と後ろの文の関係があいまいであったり、
文そのものがわかりにくかったりするため、文章全体が理解しづらいものになってしまうことがある。
ここでは、特に文と文の関係を効果的に示すための接続表現と、
論述文を読みにくいものにしてしまう文や表現を確認しよう。

【1. 接続表現】

まとまりのある文章を書く際には、文脈を考え、適切な接続表現を入れる必要がある。
接続表現が使われていないと、読み手は文章の論の流れを把握しにくいと感じる。
以下のような接続表現を効果的に使い、文章全体の流れがわかりやすくなるよう心がけよう。

用法	接続表現	例文
根拠を挙げる	なぜなら（〜からだ）	私は女性専用車両に反対だ。なぜなら、女性ばかり優遇されるのはよくないと思うからだ。
事例を挙げる	まず／次に／さらに… 第一に／第二に／ 第三に…	まず、女性専用車両により他の車両が混雑する。次に、女性は車両を選択することができるが、男性にはそれができないのは不公平だ。
対比する	一方　それに対して 逆に	一方、女性専用車両の設置は必要であるという意見もある。
同意を示す	たしかに　もちろん	たしかに、痴漢や盗撮といった犯罪を事前に防げるというメリットはあるだろう。
反論する	しかし　だが	しかし、男性でも痴漢や盗撮の被害に遭う人もいる。女性専用車両は、これらの犯罪を根本的に解決するものではない。
結論を述べる	よって　したがって 以上の理由から これらの理由から	以上の理由から、私は女性専用車両は不要であると考える。

練習4　次の文章の【　　　　　　】の中に適切な接続表現を入れて、
文と文のつながりがわかりやすくなるようにしよう。

（1）世代間にはさまざまなギャップがある。私自身が親世代と最もギャップを感じること
は、結婚についての考え方だ。【　　　　　　　　　】、親世代の多くの男性は「家
事は妻がやるもの」と思っている。【　　　　　　　　】、私の世代の女性は働い
ている人が多く、夫と家事を分担していることが多い。【　　　　　　　　　】、親の
世代は結婚に際して「妻が夫の家に入った」と捉える人が多い。実際に、結婚と
同時に夫の姓を名乗る女性がほとんどである。【　　　　　　　　】、私の世代の
人たちの中には、結婚を「夫と妻とで新しい家庭を作るもの」と捉える人が増えて
きていると思う。

（2）私は小学校からの外国語教育に反対だ。【　　　　　　　　　】、小学校の段階で
は、母語である日本語の力をつけたほうがよいと思うからだ。
【　　　　　　　　】、外国語を身に付けるには幼少期から学習を始めるべきだと
いう意見もある。子どもの頃から学習を始めるとリスニングやスピーキングの能力が
高くなるというデータもあるという。
【　　　　　　　　】、そのために母語である日本語を学ぶ時間を短くすると、子
どもの思考能力が低下するのではないだろうか。
【　　　　　　　　】、私は小学校からの外国語教育に反対である。

【2. 不適格な文・読みにくい文】

以下の例1)、例2) のように、文のはじめと終わりが一致していないいわゆる「ねじれ文」は
文として不適格である。また、例3)、例4) のようにだらだらと長く続く「だらだら文」は、
読み手が理解しづらい上、読み手の心証も悪くしかねない。
また、例5) のように修飾語が冗長な文も、読み手の理解を妨げる。
だらだらと文を続ければ続けるほど「ねじれ文」になる可能性が高い。
1つの文に複数の内容を無理やり詰め込まないようにして適切なところで区切り、
必要ならば接続表現を使ってつなげるようにしよう。

①「ねじれ文」

例1) 私が動物の乱獲に関心を持ったきっかけはテレビ番組であり、象牙を目当てに
アフリカゾウの密猟が行われていた。

例2) なぜ私がこのテーマを取り上げたかというと、これまで外国人の人々と関わる中で
しばしばお互いの非言語行動に違和感を覚えることを経験した。

②「だらだら文」

例3) 少年マンガにおける擬音語・擬態語と少女マンガにおける擬音語・擬態語には、
相違点もあるが共通点も多く、このことから、マンガで使用される擬音語・擬態語には、
ある程度性別を超えて、共通したルールが用いられているのではないだろうか、と私は
考えている。

例4) この分野に関して近年出版された教科書について検討した結果、これらの教科書は、
現場で挙げられていた問題点を十分に反映しているとは言いがたいが、現場で起こる
問題は、時代が進むにつれて刻々と変化しており、教科書が使用される時点で、
その時期の問題をすべて網羅することは、実質不可能なのではないだろうか。

例5) かつて日本のお家芸とも呼ばれ、国民からもオリンピックやワールドカップでメダルを
獲得することが当たり前のように感じられていた種目が、なぜ近年めっきりトップレベルの
争いから遠ざかってしまっているのか、その原因を明らかにすることを試みた 小坂氏の論文 は、
その種目の最も盛んな時期を実際に知る世代の人々だけでなく、その時期を知らない世代
の人々からも反響を呼んでいる。

＊ _____ 部分がすべて 小坂氏の論文 の修飾語

練習5   次のねじれ文やだらだら文を読みやすい文に直そう。

（1）企業によるストレスチェックが義務化されたのは、仕事でのストレスにより心や体を
　　　病む人が後を絶たない。

　　　⇒

（2）私たち国民の希望は、私たちの税金を国民のために使ってほしい。

　　　⇒

（3）天候不順により、食品などの物価が値上げすることがある。

　　　⇒

（4）高齢者による運転免許の自主返納は進まない理由の1つに、車なしでは
　　　スーパーや公共施設への外出が困難な地域が多いことは挙げられる。

　　　⇒

（5）現在、日本の車道を走っている車は、アメリカやヨーロッパなどさまざまな国や
　　　地域から輸入された車が日本国内を走っている。

　　　⇒

（6）地球温暖化が起こっている原因は、私たち人間が活動することによって生じる
　　　温室効果ガスが増加したことにより起こっている。

　　　⇒

（7）私がもっとも興味を持っている問題は、不快な気温・室温や騒音といった
　　労働環境がストレスの感じ方にどのように影響を与えるのかという点にある。

　　　⇒

（8）復興には少なくとも１０年はかからないだろう。

　　　⇒

（9）日本がオリンピックで過去最多のメダルを獲得できたのは、数多くの競技のすそ野
　　を広げたからこそ、トップレベルの選手の競技能力が向上したと言ってよいだろう。

　　　⇒

（10）高学歴が必要かどうかを考えるためにはまず自分にとって何が本当に大切かを
　　考える必要があり高学歴であれば就職に有利であるなどメリットは確かにある
　　だろうが自分がこれからの人生で何を成し遂げたいのかを考えてその学歴が
　　本当に必要なのかを考えねばならない。

　　　⇒

（11）自治会・町内会とはある地域に住む人たちがその地域の自治を守る、地域の
　　親睦を深めるといった理由で作る組織であるが、あくまで任意で加入する
　　ものであるため強制的な加入は認められないはずであるが、地域の交流や
　　住みやすい地域づくりへの貢献が認められている一方で、近隣住民との
　　かかわりをできるだけ避けたい人々にとって、加入していないことでその地域に
　　住みづらくなるなど、問題は根深い。

　　　⇒

（12）よもやこのような形でこの問題の決着がつき、非常に驚いた。

⇒

【3. 表現の問題：同じ表現の繰り返し】

同じ表現が繰り返し使われていると、文章全体が単調になる。
特に、頻繁に繰り返されがちな表現として「〜と思う」「〜と考える」などがあるが、
これらが多用されると文章が単調になるだけでなく、主張したいことがあいまいになる。

例）海外にはお金があってもほしいものがなかなか手に入らない国があると思う。その点では
　　日本は豊かな国だと言えると思う。だが、だからこそ起こる問題もあると思う。そのような問題を
　　解決しなければ、真の意味で豊かな国にはなれないと思う。

→海外にはお金があってもほしいものがなかなか手に入らない国がある。その点では
　日本は豊かな国だと言えるが、だからこそ起こる問題もあると思う。そのような問題を
　解決しなければ、真の意味で豊かな国にはなれないのではないだろうか。

練習6　次の文は同じ表現が繰り返されており単調である。全体の流れを考えながら、同じ表現が重ならないよう文を書き換えよう。

（1）私は、夫婦は同じ姓にしたほうがよいと思う。同じ姓のほうが一体感を感じられるし、同じ姓のほうが他の人から見ても家族構成がわかりやすい。同じ姓だと、お墓も一つのお墓に入れるのもよい。

　　　⇒

（2）死刑制度があることで犯罪が少なくなるわけではないのである。その上、世界の多くの国々が死刑制度を廃止しているのである。よって、日本も死刑制度をなくすべきなのである。

　　　⇒

（3）私は義務教育で食育をより重視すべきだと考える。健康にはバランスの取れた食事が欠かせないと考える。飽食の時代といわれる現代ではなおのこと好きなものだけを食べていてはいけないと考える。

　　　⇒

【4. 表現の問題：あいまいな表現】

以下の①〜⑤の文は主張があいまいに感じられる。論述文では自分の意見を明確に書かなければ
ならないため、このように主張があいまいになる表現の使用はできるだけ避け、言い切れるところは
しっかり言い切ろう。④、⑤で使用されている動詞「思う」「考える」は、【3】で学んだように
繰り返し使われがちな表現だが、主張をあいまいにする表現でもあるので、使い方には注意しよう。

① 女性が社会で活躍し続けるためには、産前産後休暇や育児休暇制度の定着に加え、復職後の
職場や地域のサポートも<u>不可欠だろう</u>。（→不可欠である）

② 個人情報の公開には、<u>危険性があるかもしれない</u>。（→危険性がある）

③ いわゆる「ブラックバイト」が<u>増加しているようだ</u>。（→増加している）

④ いかなる理由があろうが、暴力は<u>許しがたい行為だと思う</u>。（→許しがたい行為だ）

⑤ 女性であるというだけで採用や昇進で不利益を被るような社会では<u>あってはならないと考える</u>。
（→あってはならない）

<u>練習7</u> **以下の文のあいまいな部分を探して線を引き、より主張が明確に伝わるように、
全体の流れを考えながら修正しよう。**

（1）日本は常に大地震が起こる可能性に脅かされていると思う。日本に定住する
外国人の中には、母国で地震を経験したことがない人も多いと思う。彼らの多くは
防災の知識を持っていないと思う。市町村による防災の周知文に頼るだけでなく、
彼らの所属する会社や学校が防災の必要性を教えるべきかもしれない。

（2）ニュースで若者のテレビ離れが進んでいるようなことを聞いた。確かに、
私自身テレビの必要性はあまりないと思っている。テレビでもオンデマンドの機能は
あるにはあるようだが、インターネットにはかなわない気がする。一方的な
情報配信の時代は終わりつつあるのかもしれないと思っている。

3 / 論の展開を支える段落分けと接続表現

【1. 段落分けの必要性】

文章を読むとき、読み手は「それぞれの「段落」に何が書いてあるか」を考えながら読む。
そのように読むことで、論がどのように展開しているかを把握することができる。段落分けが
されていなかったり、反対に段落が不必要に分けられていたりすると、論の展開がわかりづらく、
結果的に文章全体の主張もわかりにくくなる。以下の①と②で、読みにくさを実感してみよう。

設問：小学校での英語教育の実施に賛成か反対か。

①

> グローバル化が進んだ現代においては、国際的なコミュニケーション力をつ
> けることが必要になってきている。そうした中、小学校から外国語教育とし
> て英語教育が導入されている。私はこれに賛成である。まず英語教育の早
> 期化のメリットを挙げる。メリットは大きく分けて2つ挙げられる。1つは、
> 外国語は幼少期から学習したほうが、上達が早いと言われていることだ。
> 特に発音はネイティブに近い発音を獲得できると言われている。それに伴
> って、英語のコミュニケーション能力や文法力も向上すると考えられる。ま
> た、もう1つのメリットとして早期から慣れておくことで英語の苦手意識が
> 少なくなることが挙げられる。中学生や高校生がつまずく不定詞や関係詞
> といった文法の仕組みも、コミュニケーションの中で使い方を学べば、難し
> く考えすぎることなく理解できるかもしれない。もちろんいくつから始めても
> 英語の苦手意識が出てきてしまう子供がいることは承知している。必ずしも
> 全員が英語を好きにはならないだろう。しかし現在の中学校のように詰め
> 込みで教えているほうが、より英語が苦手な子供を増やすだろう。そのよう
> な子供を減らしていくことも大切である。よって私は英語教育の早期化に
> ついて賛成である。今日では、どれほど多種多様な人と関われるようにな
> るかは非常に重要だ。英語教育の早期化は今後の日本の将来のありかた
> にもつながっていくものである。早期化によって国際的なコミュニケーショ
> ン力を身につけた子供が増えることに期待したい。

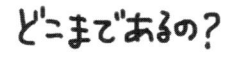

②

グローバル化が進んだ現代においては、国際的なコミュニケーション力をつけることが必要になってきている。

そうした中、小学校から外国語教育として英語教育が導入されている。

私はこれに賛成である。

まず英語教育の早期化のメリットを挙げる。

メリットは大きく分けて2つ挙げられる。

1つは、外国語は幼少期から学習したほうが、上達が早いと言われていることだ。

特に発音はネイティブに近い発音を獲得できると言われている。

それに伴って、英語のコミュニケーション能力や文法力も向上すると考えられる。

また、もう1つのメリットとして早期から慣れておくことで英語の苦手意識が少なくなることがあげられる。

中学生や高校生がつまずく不定詞や関係詞といった文法の仕組みも、コミュニケーションの中で使い方を学べば、難しく考えすぎることなく理解できるかもしれない。

もちろんいくつから始めても英語の苦手意識が出てきてしまう子供がいることは承知している。

必ずしも全員が英語を好きにはならないだろう。

しかし現在の中学校のように詰め込みで教えているほうが、より英語が苦手な子供を増やすだろう。

そのような子供を減らしていくことも大切である。

よって私は英語教育の早期化について賛成である。

今日では、どれほど多種多様な人と関われるようになるかは非常に重要だ。

英語教育の早期化は今後の日本の将来のありかたにもつながっていくものである。

早期化によって国際的なコミュニケーション力を身につけた子供が増えることに期待したい。

【2. 効果的な接続表現】

内容のまとまりで適切に段落分けをしたら、それぞれの段落の関係を示すのに効果的な接続表現を考えよう。接続表現があると、さらに論の展開が理解しやすくなる。

> グローバル化が進んだ現代においては、国際的なコミュニケーション力をつけることが必要になってきている。そうした中、小学校から外国語教育として英語教育が導入されている。私はこれに賛成である。 ── 主張

> まず英語教育の早期化のメリットを挙げる。メリットは大きく分けて2つ挙げられる。1つは、外国語は幼少期から学習したほうが、上達が早いと言われていることだ。特に発音はネイティブに近い発音を獲得できると言われている。それに伴って、英語のコミュニケーション能力や文法力も向上すると考えられる。 ── 根拠1

> また、もう1つのメリットとして早期から慣れておくことで英語の苦手意識が少なくなることがあげられる。中学生や高校生がつまずく不定詞や関係詞といった文法の仕組みも、コミュニケーションの中で使い方を学べば、難しく考えすぎることなく理解できるかもしれない。 ── 根拠2

> もちろんいくつから始めても英語の苦手意識が出てきてしまう子供がいることは承知している。必ずしも全員が英語を好きにはならないだろう。しかし現在の中学校のように詰め込みで教えているほうが、より英語が苦手な子供を増やすだろう。そのような子供を減らしていくことも大切である。 ── 反論とそれに対する反論

> よって私は英語教育の早期化について賛成である。今日では、どれほど多種多様な人と関われるようになるかは非常に重要だ。英語教育の早期化は今後の日本の将来のありかたにもつながっていくものである。早期化によって国際的なコミュニケーション力を身につけた子供が増えることに期待したい。 ── 結論

次の文章は適切な接続表現がないため論の展開がわかりにくい。
内容のまとまりをよく考えて、適切なところに【　　　　　】の接続表現を入れよう。
その際、同じ接続表現を繰り返し使わないようにしよう。

（1）【しかし・もっとも・よって】

　現在、本や雑誌といった紙媒体から電子媒体に移行すべきだという意見がある。だが、私は紙媒体を完全になくすことには反対だ。

　データを大量に保存する際、紙媒体は広いスペースが必要だが、電子媒体では1つの機器に保存することができる上、編集や情報の検索も容易である。電子媒体はデータの再生等に常に何らかの機器が必要となる。また、紙媒体に比べ、情報が漏えいしたり、悪用されたりする危険性も高いだろう。

　私は、紙媒体から完全に電子媒体に移行することに反対である。

（2）【以上の理由から・しかし・たしかに・なぜなら】

　動物園や水族館を廃止すべきだという考えがあるが、私は廃止に反対である。私自身、そのような施設で生き物を見たり触れたりすることで命の大切さを学ぶことができたからだ。

　自分の意思で行きたいところへ行ける自然の中と違い、限られたスペースの中で生活する生き物たちが気の毒に感じられることもある。動物園や水族館は人間のためだけに存在しているのではない。絶滅しそうな種を保護する、繁殖させる、その種を後世に残すための研究・実践を行うことなども重要な目的だ。

　私は動物園や水族館の廃止に反対である。

練習9　次の文章は段落分けされていない。①4つの段落に分け、②（a）自分の意見に対して想定される反論、（b）それに対する反論が始まる部分に、必要な接続表現を入れよう。

この200年間における最大の発明

　私は遺伝子の解析が可能になったことが最大の発明だと考える。なぜなら、遺伝子により私たち生命体にとって重要なことを明らかにできるからだ。例えば、これまで治せなかった病気も、遺伝子の検査結果を基にして開発した治療薬で治せるようになった。さらに、まだ病気になっていなくても、自分が遺伝的にどのような病気の因子を持っているのかを調べ、対応することも可能になりつつある。また、その人がどのような犯罪傾向や才能を持っているかなども、遺伝子の解析によりある程度明らかにできるという。遺伝子の解析が可能になったことで生じる、遺伝病患者への差別や遺伝病を理由とした中絶など、倫理的な問題を無視することはできない。現在、これらの問題に対し各方面でガイドラインを作成する協議が行われている。結局のところ私たち人類の最も大きな関心は、いかに健康に長く生きられるかにあるのではないだろうか。よって、私は遺伝子の解析がこの200年間の最大の発明だと考える。

練習10　次の文章は、段落分けがされていない上、適切な接続詞がないため読みにくい。
　　　　①4つの段落に分け、②適切なところに【　　　　　】の接続表現を入れて、
　　　　読みやすい文章にしよう。

（1）【したがって・つぎに・まず・もっとも】

外国人に勧めたい観光地

　ここでは外国人を日本の歴史に関心のある人に限定して考え、名古屋を勧めたい。その理由は以下の2つである。名古屋に戦国時代の名所旧跡が非常に多いことである。名古屋は三大武将のうち織田信長、豊臣秀吉の二人の出生地であり、徳川家康もこの地に名古屋城を築いている。そのため、名古屋城をはじめ、織田家と縁の深い万松寺、豊臣秀吉を祀る豊国神社、徳川家の宝物を展示する徳川美術館など見どころは多い。名古屋には伊勢神宮に次ぐ権威のある熱田神宮があることが挙げられる。熱田神宮は三種の神器の一つである「草薙の剣」を祀っていることでも有名だ。敷地内には本宮に加え、さまざまな神社や由緒ある橋、石灯篭などの建造物があり、ここだけでも一見の価値がある。京都や奈良のほうが有名な歴史的建造物は多いであろう。しかし、名古屋は地下鉄の利便性が高く、短時間で多くの名所旧跡を訪ねることができる。歴史に関心があり、旅行という限られた時間の中で動く外国人には、強く名古屋を勧めたい。

（1）【しかし・たしかに・なぜなら・また・よって】

小学生に携帯電話を持たせるべきか

　私は小学生に携帯電話を持たせることに反対である。小学生は携帯電話がなくても困らない生活をするべきだと考えるからである。小学生になぜ携帯電話を持たせるのかを考えると、緊急時の連絡手段、居場所の確認手段としてという理由が挙げられる。どちらも携帯電話があれば容易である。親はいざとなれば携帯電話が使えることで、大きな安心感を得られるだろう。誰と遊ぶか、どこで遊ぶかをきちんと言ってから出かける、決められた時間に帰宅するということをきちんと守れば、どこにいるかわからないということは起こりにくくなる。居場所がわかれば、子供に連絡することは可能である。連絡手段がないとなれば、「遅くなってもメールすればよい」と安易に考えず、約束の時間に間に合うようにするだろう。そもそも時間を守るということは基本的な当たり前のことである。携帯電話があると「約束」が軽いものになりやすいが、習慣として「約束」をしっかり守れるようになることは、携帯電話の便利さ以上に重要ではないだろうか。小さい頃に身についた習慣は一生のものである。私は小学生に携帯電話を持たせることに反対である。

4 / 総合問題

練習11　次の文章の中から論述文として不適切な箇所を探し、論述文に
ふさわしくなるよう直そう。

**設問：思い出を残すのに静止画がよいか動画がよいか。立場を明確にしながら
500字以内で自分の意見を論じなさい。なお具体例をあげること。**

思い出を残すなら

　私は思い出を残すなら動画よりも静止画のほうがよいと思う。理由は3つある。

　1つ目の理由は、動画を撮っている人はそのことに気を取られてしまうことだ。子ども
の運動会なんかでずっと動画を撮っている保護者は、実際の子どもの様子が目に入って
いないんじゃないかなと思う。

　2つ目の理由は、動画は撮っても見る機会が静止画よりもすごく少ないことだ。静止
画は家の中や携帯電話の待ち受けなど、いつも目につくところに飾ったりしたらいつで
も見れる。でも、動画は自分が「見よう」と思わないとなかなか見る機会がない。

　3つ目の理由は、静止画よりも動画のほうがデータ量が多くて、保存が大変なことだ。
動画には必要じゃない部分も含まれることが多いと思うが、ちゃんと編集する時間がある
人なんてなかなかいないと思う。そういう人は、データが膨大な量になり、動画を見る気
がどんどん失せると思う。

　以上の理由で、私は思い出を残すんだったら静止画のほうがよいと思う。

　次の文1 〜 12を5つの段落に分けるとしたら、それぞれの段落に何番から何番の文が入るか考えてみよう。また、論述文としてふさわしくない部分を適切な表現に直そう。

設問：リーダーに必要な資質は何か述べよ。

第1段落（ 1 ）〜（ 3 ）　　　　第2段落（　）〜（　）

第3段落（　）〜（　）　　　　第4段落（　）〜（　）

第5段落（　）〜（ 12 ）

リーダーに必要な資質

1.　リーダーと言っても、大統領や首相といった国家のリーダーから、大学の部活や趣味のサークルのリーダーに至るまでいろいろである。

2.　また、歴史を振り返ってみても、それぞれの時代をけん引したリーダーがいる。

3.　ここでは、リーダーを「戦国武将」に限定して、どんな資質が必要とされるかを考えてみたい。

4.　リーダーには多くの資質が必要だと思われるが、私は「先見の明があること」「目下の人々に配慮できること」の2つがすごく重要な資質だと思われる。

5.　この2つがなければ、他にどのようなすぐれた資質があってもリーダーとなるのは難しいと思われるからである。

6.　まず、戦国武将は自国を守り繁栄させるため、和睦を結ぶべき国はどこかとか、攻め落とす国はどこかとか、判断しなければならないだろう。もちろん、周辺諸国の情勢を収集し、分析するのは部下の役目だろうが、最終的な判断を下すのはリーダーたる武将の役目だろう。

7.　先見の明がなければ自国のためにもっともよい判断をするのは難しいだろう。

8.　さらに、その判断は家臣や領民のタメになるものでなければならない。

9.　そうじゃなければ、家臣も領民もその武将について行こう！　その武将のためにがんばろう！　とは思わない。

10.　人々が信頼し、尽くしたいと思えるような人物こそ、真のリーダーとなり得る。

11.　なので、以上の2つが私の考えるリーダーの資質である。

12.　この2つの資質は戦国武将に限らなく、他の多くのリーダーに共通して必要とされるものだと考える。

　次の文章を、論述文としてふさわしい形に整えて原稿用紙に書き直そう。

設問：「市町村で成人式をするべきである」という考えについて　　あなたの意見を論じなさい。

市町村での成人式は必要か

私は市町村で成人式を行うことに反対である。

現在の成人式は、新成人が自立し、大人の社会に入ることを自覚するための催しになってないことである。

新成人の多くは成人式を同窓会みたいなものとしてしかとらえていない。

中には、成人式を「祭り」と捉え、派手な着物や袴を着て成人にふさわしくない振る舞いをし、周囲に迷惑をかけてる。

私はこのような催しは税金の無駄遣いであり、自治体の中には、有名人を呼ぶとか、その自治体にあるテーマパークに招待するとかのイベントを行うところもあるけど、その費用は決して安い物ではなく、そんなことに税金を使うくらいなら、高齢者の福祉など本当に必要なトコに使うべきだって思う。

もっとも、成人式は新成人を祝い励ます日として制定されていることから、たとえ「お遊び」みたいな催しだって、新成人が成人になった喜びを感じれればよいという意見もあるかもしれない。

だけど、それは必要なら家族や学校・会社など周囲の人々が行えば十分ですし、自治体が税金を使って成人式は大々的にする必要はないんじゃないかなと思う。

なので、私は市町村で行う成人式に反対である。

おわりに：次のステージに向けて

ここまで、論理的な文章を書く練習をしてきました。この練習は、入学試験、就職試験、資格試験等で課される文章課題ではもちろん、レポートや論文を書く際にも基礎になります。

就職試験での小論文を書くには

就職試験の小論文では以下のような課題がよく出されます。

- 現段階で希望する職種となりたい社会人像について
- 最近の世界経済を踏まえあなたが関心のある社会問題について
- その会社を志望する理由について

これらは、これまでに練習した課題とは違うように感じるかもしれませんが、どれも「〜についてどう考えるか」を述べる課題であるので、

「主張」→「根拠」→「事例・説明」→「結論」

という構成で書けます。

また、次のような課題もあります。

- これまでにリーダーシップを発揮した経験について
- これまでに挫折し、乗り越えた経験について

これらは、考えを述べる課題ではありませんが、なぜその経験が「リーダーシップを発揮したもの」と言えるのか、なぜその経験が「挫折したもの」と言えるのかを述べる必要があります。つまり「リーダーシップとは」「挫折とは」について、自分の考えを持っている必要があります。

定義が必要なものは何か、主張と根拠がかみ合っているかなど、練習したことを活用して、これらの文章も書くことができます。

レポート・論文を書くには

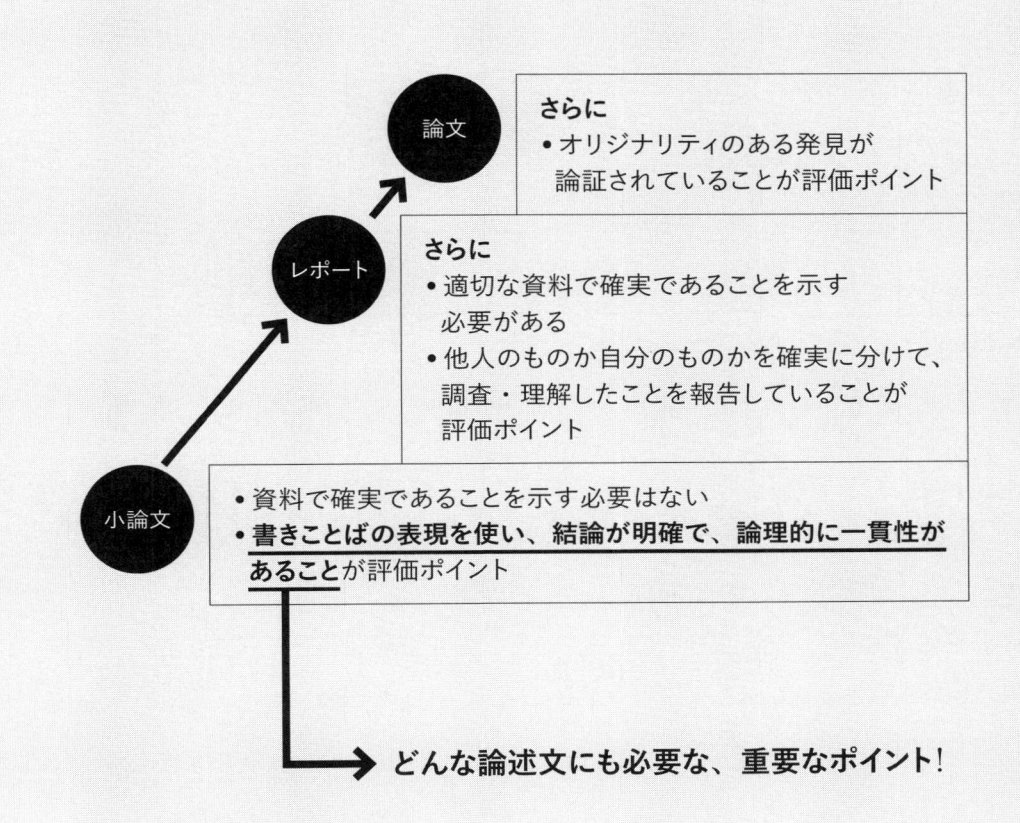

論文

さらに
- オリジナリティのある発見が
  論証されていることが評価ポイント

レポート

さらに
- 適切な資料で確実であることを示す
  必要がある
- 他人のものか自分のものかを確実に分けて、
  調査・理解したことを報告していることが
  評価ポイント

小論文

- 資料で確実であることを示す必要はない
- **書きことばの表現を使い、結論が明確で、論理的に一貫性が
  あること**が評価ポイント

➡ **どんな論述文にも必要な、重要なポイント！**

なるほど～

レポート・論文を書くには、「引用」と「参考文献・参考資料」についての知識を
身に付けなければなりません。

引用
自分の文章の展開・補強・証明のために自分の文中に他人の文章を
そのまま、あるいは要約して取り入れること

参考文献・参考資料
引用した文献や資料の出典を示したリスト

☞引用のしかたにはルールがあり、参考文献・参考資料の挙げ方には決められたスタイルが
　あります。ルールやスタイルに則って書くことは、レポート・論文を書く上で必ず身につけな
　ければならないスキルの1つです。
☞これらのルールやスタイルを無視して書くと、盗用とされてしまう場合もあります。
☞専門分野によって引用のルールや、参考文献・参考資料の挙げ方のスタイルは異なります。
　自分の専門分野のルール、スタイルを確認しましょう。

このことを心に留め、次のステージに進みましょう！

執筆者紹介

山本裕子（やまもと　ひろこ）
　愛知淑徳大学　交流文化学部　教授

本間妙（ほんま　たえ）
　中部大学　人文学部・語学教育センター　非常勤講師

中林律子（なかばやし　りつこ）
　東京福祉大学　名古屋キャンパス　留学生日本語別科　専任講師

これなら書ける!
説得力のある小論文

2019年4月10日　初版第1刷発行

著者	山本裕子・本間妙・中林律子
発行者	吉峰晃一朗・田中哲哉
発行所	株式会社ココ出版
	〒162-0828
	東京都新宿区袋町25-30-107
	電話　03-3269-5438
	ファクス　03-3269-5438
ブックデザイン	長田年伸
イラスト	アンドウ カヲリ
印刷・製本	株式会社シナノパブリッシングプレス

ISBN 978-4-86676-015-5

姉妹編

これなら書ける!
文章表現の基礎の基礎
山本裕子・本間妙・中林律子 著

ISBN 978-4-904595-97-8　1,200円＋税

何を書いたらいいのかわからない
どこから書き始めたらいいのかわからない
書きたいことがない
文章を書くのは苦手
嫌いじゃないけどうまく書けない……

そんな学生さんたちのために、作られたテキストです。
例を見ながら、5つのステップを踏んで書き進めることで、
わかりやすい文章を書く基礎的な力が身につきます。

レポートや論文を書く前に、まずは、文章作成につながる
考え方の基本と、その考えを表現する基礎を身につけましょう。

大学・専門学校の初年次教育、文章表現の授業、
留学生の日本語授業に最適のテキストです。